Friedrich Maximilian von Mandelsloh (II)

Erinnerungen

1812 - 1814

Beiträge zur sächsischen Militärgeschichte zwischen 1793 und 1815

Heft 70

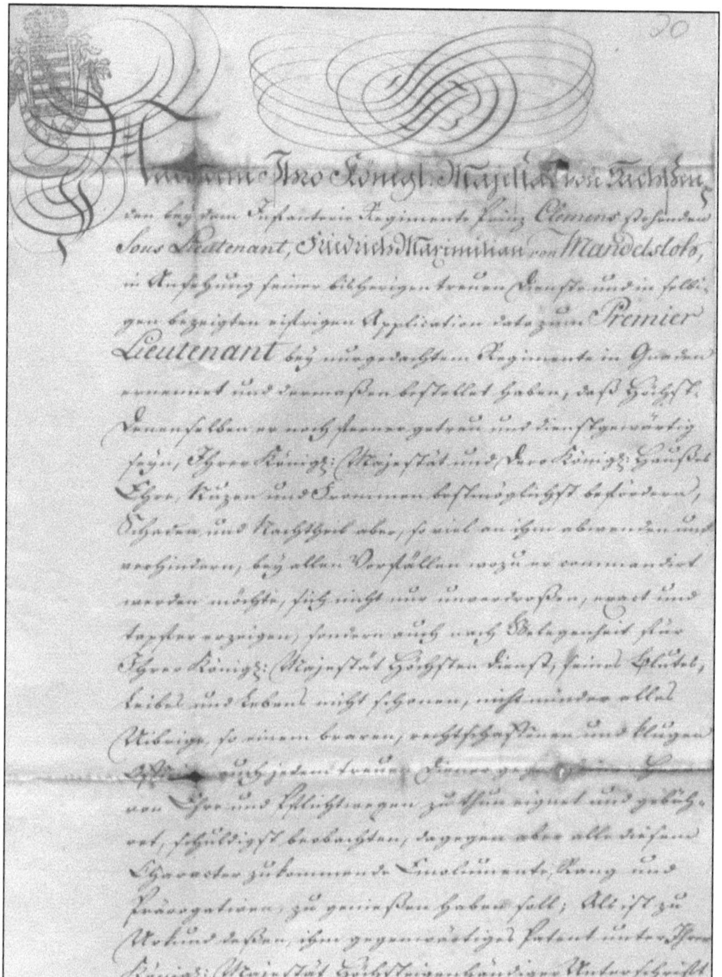

Nachdem Ihro Königl. Majestät von Sachsen den bey dem Infanterie Regimente Prinz Clemens stehenden Sous Lieutenant, Friedrich Maximilian von Mandelsloh, in Ansehung seiner bisherigen treuen Dienste und in selbigen bezeigten eifrigen Application dato zum Premier Lieutenant bey vorgedachtem Regimente in Gnaden ernennet und dermaßen bestellet haben, daß Höchst Denenselben er noch ferner getreu und dienstgewärtig seyn, Ihro Königl: Majestät und des Königl: Hauses Ehre, Nutzen und Frommen bestmöglichst befördern, Schaden und Nachtheil aber, so viel an ihm abwenden und verhindern, bey allen Vorfällen wozu er commandiret werden möchte, sich nicht nur unverdrossen, wacker und tapfer erzeigen, sondern auch nach Gelegenheit für Ihro Königl: Majestät Höchsten Dienst, seines Bluts, Leibes und Lebens nicht schonen, nichtweniger alles Übrige, so einem braven, rechtschaffenen und klugen [illegible] von Ehre und Pflichten wegen zu thun eignet und gebühret, schuldigst beobachten, dagegen aber alle diesem Character zukommende Emolumente, Rang und Prärogativen zu genießen haben soll; Als ist zu Urkund dessen, ihm gegenwärtiges Patent unter Ihro Königl: Majestät Höchsteigenhändiger Unterschrift

Abb. 1 Patent zum Premierleutnant vom 14.08.1811 (Bestand 12 731 Nr. 2)

FSC
www.fsc.org
MIX
Papier aus verantwortungsvollen Quellen
Paper from responsible sources
FSC® C105338

Friedrich Maximilian von Mandelsloh (II)

Erinnerungen 1812 - 1814

Bibliographische Information der Deutschen Bibliothek

Die Deutsche Bibliothek verzeichnet diese Publikation in der Deutschen Nationalbibliographie; detaillierte bibliographische Daten sind im Internet über http://dnb.ddb.de abrufbar.

Die Deutsche Bibliothek – CIP – Einheitsaufnahme

Jörg Titze (Hrsg.)

Friedrich Maximilian von Mandelsloh (II) - Erinnerungen 1812 - 1814

ISBN 978-3-7543-2212-3

Herstellung und Verlag:

BoD – Books on Demand, Norderstedt

Einleitung

Im Vorwort aus dem Jahr 1850 zu seinen Erinnerungen schreibt Herr von Mandelsloh:

„Hindernd tritt jedoch meinem Vorhaben der Mangel eines guten Gedächtnisses entgegen, der leider, was die früheren Jahre betrifft durch keinerlei Notizen, Tagebücher oder andere Papiere ersetzt wird, da selbst die wenigen, die vorhanden waren, mit meinen übrigen Effekten während der Kriegsjahre verloren gegangen sind. Erst seit dem Jahre 1814 finden sich einzelne, zum Teil dürftige Notizen, die nur vom Jahre 1824 an mitunter etwas reichhaltiger werden, aber dennoch große Lücken lassen. Vom Jahre 1816 an sind einige der empfangenen Briefe vorhanden ... wiewohl im Ganzen meine Korrespondenz nie sehr ausgebreitet war. ... Am meisten beklage ich, dass gerade aus den bewegtesten Jahren meines Lebens, von 1806 bis 1816, fast gar nichts vorhanden ist, woran sich meine Erinnerungen anknüpfen könnten...

Wem also diese Blätter in die Hände fallen sollten, der erwarte nicht in denselben allgemein interessante Tatsachen oder selbst Schilderungen von nur persönlichen Erlebnissen zu finden, die durch Eigentümlichkeit an sich oder durch ihre Darstellungsweise irgend einen Reiz bieten könnten. Ich schreibe eben nur zu meiner Zerstreuung und während ich mich in Erinnerungen ergehe, die nur für mich Wert haben können, indem sie mich in früher verlebte gute oder böse Tage zurückführen, vergesse ich, was die Gegenwart mir Trübes bietet."

Am 05.12.1790 wurde Friedrich Maximilian von Mandelsloh in Dresden geboren, wo er auch am 06.01.1871 als pensionierter Generalmajor verstarb. Seine Eltern, die 1790 ehelichten und 1801 geschieden wurden, waren der Leutnant Friedrich Wilhelm von Mandelsloh und Fräulein von Kühn, Tochter des Rittergutsbesitzers von Kühn auf Grüningen bei Weißensee. Nach der Scheidung heiratete diese 1802 den bei der Garde stehenden Hauptmann von Bose. Mandelsloh selbst war verehelicht mit Mathilde Gräfin von Rüdiger (* 23.09.1804 Dresden, † 14.06.1872 Dresden). Das Ehepaar hatte 2 Kinder, Gabriele (* 1824) und Natalie (* 1829) von Mandelsloh.

Mandelsloh trat 1803 ins Adlige Kadettenkorps, wurde am 01.08.1805 Korporal/aggregierter Fahnjunker im Regiment Prinz Clemens Infanterie, 27.05.1807 Fähndrich, 06.04.1809 Sousleutnant, 14.11.1811 Premierleutnant, 14.06.1818 Hauptmann, 03.05.1830 Major, 26.11.1836 Generaladjutant und Oberstleutnant, 23.04.1838 Oberst, 14.12.1842 Generalmajor, pensioniert am 10.12.1846 nach einer Dienstzeit von 41 Jahren und 1 Monat.

Mandelsloh wurde am 12.10.1813 zum Ritter der französischen Ehrenlegion (Nr. 41 472) ernannt.

Insofern Sie Anmerkungen, Ergänzungen oder sonstige Informationen zu Herrn von Mandelsloh aus dieser Zeit haben, so können Sie gern unter

sachsen-titze@t-online.de

Kontakt zu mir aufnehmen.

Eilenburg im Juli 2021

Ihr

Jörg Titze

Feldzug 1812 in Russland

Gegen Ende des Monats Februar war das sächsische Korps, welches unter Gerald Reynier das 7te Korps der großen französischen Armee zu bilden bestimmt war, in der Gegend von Guben versammelt. Das Regiment Clemens, dessen 1ste Kompanie ich kommandierte, lag in und bei Guben und ich ohngefähr 1 Stunde von der Stadt entfernt bei einer Familie von Kutschenbach (wo ich nicht irre). Mein Aufenthalt hier, so angenehm er war, dauerte nicht lange, da mir das Kommando der 2ten Grenadier-Kompanie zugeteilt wurde, deren Hauptmann der aggregierte Major von Zanthier war. Mit Freuden begann ich mich auf meinen neuen Posten zu dem Grenadier-Bataillon, bei welchem indes seit meiner Abwesenheit sich viel verändert hatte. Zwar war noch derselbe Kommandant, Major von Liebenau und unter den Offizieren der Kompanien von Friedrich hatte sich wenig oder keine Veränderung zugetragen, doch desto mehr unter den Kompanien von Clemens, wo von allen früher in Wittenberg dabei gestandenen Offizieren nur noch Hauptmann v.Hopfgarten und Leutnant Goldacker geblieben waren. Premierleutnant Linsingen, Leutnant Hennig waren zur 1sten Kompanie gekommen und bei der 2ten fand ich die Leutnants Kaiser und Oehlschlägel. Beide waren mir ziemlich unbekannt, da sie erst bei der Organisation der Armee im Jahre 1810 zum Regiment gekommen waren und mich seit dieser Zeit die Dienstverhältnisse nicht in nähere Berührung mit ihnen gebracht hatten. Indes wir befreundeten uns bald und namentlich schloss sich im Laufe des Feldzuges zwischen mir und Kaiser ein inniges Freundschaftsband, das lange Jahre uns eng verbunden hielt, bis es endlich auch beendet wurde und sich ganz auflöste. Im Jahr 1845 sah ich Kaiser zuletzt in Dresden, seit dieser

Zeit hat er nichts mehr von sich hören lassen. Er hat als Generalleutnant und Kommandant von Luxemburg den Abschied genommen. Oehlschlägel lebt als pensionierter Major auf seinem Rittergut Reichartswalde bei Marienberg und beide freuen wir uns, wenn der Zufall uns irgend einmal zusammenführt. Wir alle drei lagen bei Guben auf dem Rittergut des Herrn von Muschwitz und befanden uns hier in dem gastfreien Hause, in welchem auch Hennig der tägliche Gast war, ganz außerordentlich wohl. Namentlich war Frau Muschwitz, eine geborene von Plötz, eine höchst liebenswürdige Dame, ohne deren Vermittlung das Verhältnis mit dem etwas hypochondrischen Muschwitz sich wohl nicht immer so freundlich und herzlich gestaltet hätte. Er spielte sehr gern und oft, wenn wir früh noch in den Betten lagen, kam er mit den Karten auf unsere Zimmer, um uns eine Partie anzubieten. Nur kurze Zeit erfreute ich mich dieses guten Quartiers, das ich verlassen musste, um mit der Kompanie nach Pförten zu rücken, wo ich im Haus des Apothekers ganz wohl aufgenommen wurde. Hier blieb ich bis Ende des Monats März, wo das Korps sich in Bewegung setzte, um die Grenze zu überschreiten.

Nachdem das Bataillon noch einige Tage in Sorau zugebracht hatte, ging unser Marsch über Sagan gegen die Oder, die wir bei Neusalz in der Gegend von Carolath auf einer Schiffsbrücke passierten. Über Fraustadt, das durch seine unzähligen Windmühlen meine Aufmerksamkeit erregte, ging unser weiterer Marsch über Leszno, Gostyn, Bork nach Kalisch, wo wir den 8ten oder 9ten April ankamen.

Während unseres mehrtägigen Aufenthalts in Kalisch, brachte der König von Westphalen, Jerome, eine Nacht daselbst zu. Wir mussten Mannschaften kommandieren, mit deren Hilfe Silberzeug und andere nötige Gerätschaften für Se Majestät in der Stadt zusammengebracht wurden, von denen indes, wie uns versichert wurde, die Eigentümer nichts wieder zu sehen bekommen haben. Ein Beispiel, dass für uns und unsere Soldaten lehrreich, wenn auch nicht eben gut war.

Den 14ten setzten wir unsren Marsch über Slaniszin, Slaw, Siradz, Widowa und Rosniatowice in die Gegend von Petrikau fort, wo wir am 18ten April ankamen. Auf diesem Marsch war es, wo uns ein recht schlagendes Beispiel von einer so genannten polnischen Wirtschaft wurde. Sämtliche Offiziere des Bataillons kamen nämlich eines Tages auf das Schlosse eines vornehmen polnischen Grafen ins Quartier, wo in Gebäuden, Gärten und Dienerschaft wie in der inneren Einrichtung des Hauses der größte Luxus uns entgegentrat. Die Damen der Familie von vornehmen Anstand und in der geschmackvollsten Toilette machte die Honneurs bei Tisch, wo alles im Überfluss vorhanden war, was zu einem anständigen Diner gehört. Aber schon hier fiel es uns auf, wie von schmutzigen Dienern während des Essens die Teller hinter einer spanischen Wand oberflächlich abgewaschen wurden und dann wieder auf der Tafel erschienen, mehr aber wuchs unser Erstaunen als wir Abends auf unseren Betten anstatt Bettüchern die Tafeltücher des Mittags fanden, die noch die unverkennbaren Spuren ihres ersten Gebrauchs trugen.

Bei Petrikau, wo wir einige Ruhetage hatten, wohnten wir Offiziere des Bataillons ebenfalls zusammen in einem großen leeren Schloss und fanden hier Gelegenheit uns à la campagne selbst zu bewirten, da Niemand da war, dies zu übernehmen. Dem Leutnant Hennig wurde die Küche übertragen, welchem Geschäft er alle Ehre machte, so dass selbst unsere feinstmachenden Stabsoffiziers nicht unbefriedigt waren. Die wenigen Tage, die wir hier zubrachten, vergingen uns sehr vergnügt und wir bedauerten aufrichtig , unsere so gut eingerichtete Wirtschaft so bald schon wieder verlassen zu müssen.

Über Szarnow, Goworczow und Szidlowice rückten wir hierauf in Kantonnierungsquartiere in der Gegend von Radom, wo wir den 24ten April ankamen und bis gegen Ende des Monats Mai verblieben. In dieser Zeit hatte ich mehrere Male meine Kantonnements gewechselt, hatte zuerst sehr schlecht in einer dürftigen Bauernhütte gelegenen, war dann in ein sehr gutes Quartier bei einem reichen Edelmann mit meinen beiden Offiziers gekommen und zuletzt mit Oehlschlägel zu einem so genannten Schlachtitzen oder kleinen Edelmann Chakowsky. Hier war wieder Gelegenheit von den eigentümlichen gesellschaftlichen Zuständen in Polen sich einen Begriff zu bilden. In dem kleinen, hölzernen, baufälligen und schmutzigen Haus meines Wirts, das für uns nicht einmal ein besonderes Zimmer enthielt, sondern nur eine finstere, ungeteilte Schlafkammer, fanden wir an der Tochter des Wirts ein elegantes, höchst gebildetes und liebenswürdiges junges Mädchen, die in Warschau erzogen, deutsch und französisch sprach, Klavier und Gitarre spielte und sehr hübsch sang. Um so weniger Scholostique zu ihrer Umgebung passte, um so mehr war ihre Anwesenheit uns angenehm und manche Stunde vertrieb sie uns durch Spiel und Gesang. Besonders reizend sang sie Krakowiack, von denen einen sie mir einen Vers aufschrieb, den ich noch zum Andenken an sie bewahre.

Während des Kantonnements bei Radom war zu meinem Leidwesen mein Freund Goldacker als Adjutant zum Regiment versetzt worden und an dessen Stelle Leutnant August zu uns gekommen.

In den letzten Tagen des Monats Mai wurde das Korps um Gniewaszow vereinigt, wo am 1sten Juni der König von Westphalen, der das Kommando über die drei Korps Sachsen, Westphalen und Polen übernommen hatte, Revue über uns hielt. Der König ließ die einzelnen Bataillone manövrieren, ohne dass ein Defilieren stattfand und bemühte sich, uns die Bildung des sechsgliedrigen Karrees zu lehren. Das Bataillon hatte seine Quartiere in Gniewaszow, einem von Juden bewohnten Städtchen, erhalten und blieb hier bis zum 6ten Juni, wo das Korps aus hiesiger Gegend aufbrach. Unsere Marschrichtung ging längs der Weichsel gegen Warschau und zwar was unsere Brigade betraf, auf den linken Ufer derselben.

Auf diesem Marsch kreuzten wir uns mit westphälischen Truppen und waren genötigt, unsere Quartiere mit ihnen zu teilen. Ein junger Hauptmann von kaum 20 Jahren wurde von uns in unser Quartier aufgenommen und so gut wir uns zusammen vertrugen, so sahen wir doch mit Erstaunen das Gebaren derselben im Quartier wie ihre hochgesteigerten Forderungen, so dass wir uns gestehen mussten, dass wir gegen sie wahre Lämmer an Gutmütigkeit wären.

Da General Reynier mit einem Teil der Truppen eine Demonstration gegen Lublin machte, so wurde unser Marsch etwas verzögert, wobei ich in der Gegend von Gura in ein Schloss auf ein paar Tage einquartiert war, dessen schöne Lage dicht an dem Ufer der Weichsel meiner Fantasie noch vorschwebt wie der es umgebende schattige Park. Aus den unteren Zimmern, die wir bewohnten, konnten wir gleich zum Bad in dem erfrischenden Wasser des Flusses herabsteigen, was uns bei der herrschenden Hitze sehr wohltätig war und auch fleißig benutzt wurde. Der Aufenthalt war reizend, aber die schöne Lage der Wohnung musste uns für alles übrige entschädigen, da die Herrschaft nicht zugegen war und der Pächter unsern Bedürfnissen nur sehr ungenügend entgegen kam.

In der Gegend von Karzow gingen wir auf einer, von westfälischen Pontonieren geschlagenen, Schiffsbrücke über die Weichsel und bezogen auf dem rechten Ufer des Flusses ein Kantonnement in der Nähe von Warschau. Diese Gelegenheit benutzte ich, mir Warschau anzusehen, wo ich mir, wie man zu sagen pflegt, einen schönen Tag machte, von der Stadt aber nur eine sehr oberflächliche Idee zurückbrachte. In diesem Kantonnement kam ich zum ersten Mal in meinem Leben in den Besitz eines Pferdes, das ich von einem Offizier des Regiments, Leutnant Oehlschlägel, jetzigen Postmeister in Tharandt, kaufte. Es war ein kleiner Fuchs, der mir während des Feldzuges die besten Dienste leistete und mich treu bis nach Sachsen zurück getragen hat, wo ich ihn in Torgau verkaufen musste, da in der Festung keine Fourage für ihn zu erlangen war.

Das Korps sollte bei Okuniew und Praga Läger beziehen und da am ersten Ort bereits ein solches von Westphälern stand, so wurde ich am 18ten Juni mit der Kompanie vorausgesendet, um dasselbe bei den Abmarsch der westfälischen Truppen zu besetzen. Ich kam Abends ziemlich spät dort an und stellte mich mit der Kompanie hinter dem rechten Flügel des Lagers auf. Doch kaum hatte ich die Gewehre ansetzen lassen, als die Soldaten des ersten westfälischen Regiments uns umgaben und meine Leute zu sich in ihre Baracken einluden, wo sie dieselben unter sich verteilten und bewirteten. Wir Offiziere wurden zum Oberst und den Stabsoffizieren eingeladen, wo wir gastfreie Wirte fanden und über die originelle Art der Einquartierung uns sehr belustigten. Zur Nacht versammelte ich jedoch die Kompanie wieder bei den Gewehren und wir brachten hier zum ersten Mal in diesem Feldzug die Nacht unter freiem Himmel zu, die uns unter Singen und Fröhlichkeit schnell verstrich. Beim Aufbruch der Westphalen am frühen Morgen besetzte ich dann das ziemlich ausgedehnte Lager bis zum Eintreffen der 1sten Division unter dem General Lecoq, welches gegen Abend erfolgte.

Am 21ten Juni brach die Division aus dem Lager von Okuniew wieder auf und von hier an wurden täglich Biwaks bezogen, wenn nicht die Wache im Hauptquartier, wozu fast immer eine Kompanie unseres Bataillons bestimmt war, uns unter Dach und Fach und an den Tisch eines der Generäle Reynier oder Lecoq brachte. Die Übung im Bau der Baracken, in der Sorge für unsern Tisch und für unser übriges Wohlbefinden war bald gewonnen, wobei wir drei, Oehlschlägel, Kaiser und ich, uns gegenseitig unterstützten und auf das kameradschaftlichste alles miteinander teilten. Gewöhnlich besorgte ich den Dienst in der Kompanie, Oehlschlägel leitete den Bau der Baracke oder nach Umständen den eines bloßen Schirms, um uns gegen Wind und Wetter zu schützen und Kaiser sorgte für die Küche.

Von Okuniew ging unser Marsch über Sierock, Pultusk, Rozan und Ostrolenka nach Zambrow, wo sich am 26ten das Korps vereinigte und bis zum 30ten verweilte. In diesem Lager wird die Kriegserklärung von 22ten Juni uns bekannt gemacht und vor den Kompanien verlesen.

Den 1sten Juli marschierten wir bis Sokolny, überschritten den 2ten die russische Grenze, indem wir bei Surasz über die Narew gingen, rückten an diesem Tage noch bis Turosl-Koscielne und trafen den 3ten in Bialystok ein. Diese größtenteils von Juden bevölkerte Stadt wurde durch unsere Ankunft in nicht geringe Aufregung gesetzt, die russischen Adler wurden von den Einwohnern herab gerissen, ob aus eigenem Antrieb oder auf Veranlassung unserer Behörden sei dahin gestellt, doch schien mir bei allen Demonstrationen mehr Furcht als Enthusiasmus für die französisch-polnische Sache zu herrschen. Unser Bataillon war in der Stadt, wo wir am 4ten rasteten, einquartiert. Ich hatte mein Quartier bei einem reichen Juden, wo ich das jüngste Ehepaar, den Sohn der Wirts mit seiner Frau, antraf, das mir je vorgekommen ist, den beide Gatten zählten nicht über 11 und 13 Jahren.

Den 5ten ging unser Zug über Grodek, Wielka-Poczostowitza, Wolkowysk, Zelda, und Sokolow nach Slonim, wo wir am 10ten ankamen. Die außerordentliche Hitze dieser Tage machte jene Märsche höchst beschwerlich und namentlich zeichnete der Letzte sich, an welchem mehrere Soldaten starben und viele Nachzügler erst spät Abends uns wieder erreichten, über welche schwer Gericht gehalten wurde, obgleich die Ursache ihres Zurückbleibens ziemlich nahe lag. Mit welcher Strenge überhaupt die Disziplin aufrecht zu erhalten gestrebt wurde zeigt ein Beispiel, dessen ich mich aus diesen Tagen erinnere, als wir zu einem Halt, um auszuruhen, aufmarschierten, der General Lecoq mit gezogenem Degen auf einen Soldaten meiner Kompanie losstürzte, weil dieser in der großen Hitze die Halsbinde abgebunden hatte und beim Aufmarsch das Gewehr nicht stark geschultert trug.

Den 11ten rasteten wir hier, wo ein starkes Gewitter uns in unserm schlecht bestellten Biwak zwar tüchtig durchnässte, aber auch die Atmosphäre abkühlte. Den 12ten setzten wir den Marsch fort über Polonka, Stalowicze und Snow nach Kletzk, wo wir den 15ten ankamen und gleich bei der veränderten Front unseres Aufmarsches zum Biwak wahrnahmen, dass eine andere Marschrichtung als die zeitherige uns angewiesen war. Der König von Westphalen hatte seine ihm übertragene Rolle nicht zur Zufriedenheit seines kaiserlichen Bruders durchgeführt. Er war an diesem Tag seines Kommandos enthoben und über die unter seine Befehle gestellt gewesenen Truppen anderweitig verfügt worden. Unserm Korps wurde der Auftrag an die Stelle der Österreicher den rechten Flügel der ganzen Armee einzunehmen, das Großherzogtum Warschau zu decken und sich dem Vordringen der russischen Korps von Kamenskoi und Tormassow aus Wolhynien entgegenzustellen. Dem zu Folge gingen wir in Eilmärschen über Lachowicze und Ostrow wieder rückwärts nach Bytyn, einige Stunden südlich von Slonim, wo wir am 18ten ankamen und enge Kantonnierungsquartiere bezogen, um hier die Österreicher zu erwarten. In diesen Quartieren blieben wir bis zum 22ten, während die Brigade Klengel schon am 20ten voraus gesendet wurde, um die Stellung der Österreicher bei Kobryn und Brzek einzunehmen. Das Korps nahm seine Marschrichtung über Kosow, Kortinka-Porzzina nach Prezdecz, um von da gegen Sanow weiter vorzugehen, als den Mittelpunkt des seiner Beobachtung übergebenen Terrains von Pinsk bis Brzek. Bei Janow fand am 25ten ein Gefecht der Avantgarde unter General Gablenz mit dem Feinde statt, in denen Folge der Ort besetzt wurde und am 26ten war das ganze Korps im Marsch dahin, als die Nachricht anlangte, dass Brzek von den Russen bereits besetzt und Kobryn stark bedroht sei. Das Korps verließ hierauf seine Richtung auf Janow und marschierte noch an diesem Tage bis Drohiczyn sechs Meilen weit, um der Brigade Klingel zu Hilfe zu eilen. Mit Anbruch des nächsten Tages, den 27ten Juli, setzten wir uns wieder in Marsch gegen Kobryn. Das Kanonenfeuer des Gefechtes, welches gegen 9 Uhr sich entspann, schallte zu und herüber und beflügelte unsere Schritte, mit denen wir ihm entgegen eilten. Doch hörte es in den Nachmittagsstunden auf und bald darauf, nach zehnstündigem Marsch, erhielt der General Reynier die Nachricht von dem unglücklichen Ausgang des Gefechts. Bei Horodetz, 3 Meilen von Kobryn, wurde gehalten und bald verbreitete sich unter uns die Nachricht von der Gefangennehmung der Brigade Klingel und der kritischen Lage, in der wir uns selbst befanden. Die Übermacht der Russen, die man weder so nah noch so stark geglaubt haben mochte, nötigte den General Reynier sich schleunigst auf die Österreicher zurückzuziehen, um mit ihnen vereint die Gefahr abzuwenden, die dem rechten Flügel der französischen Armee drohte. Da der Feind, der bereits diesseits Kobryn stand, unsere Rückzugslinie stark bedrohte, so galt es zu eilen, um nicht vom österreichischen Korps, das jenseits Slonim stand, abgeschnitten zu werden. Wir brachen daher noch in der Nacht wieder auf, marschierten ohne zu rasten bis Wislocz, das wir den andern Tag, 28ten Nachmittags erreichten, aber gegen Abend schon wieder verließen, um unsern Marsch die ganze Nacht durch fortzusetzen, bis wir endlich den 29ten Nachmittags bei Sieletz anlangten, wo wir erst wagten, wieder frei Atem zu schöpfen. Von hier brachen wir den folgenden Tag wieder auf und gingen bis Rozanna und hier, uns geborgen erachtend, den 31ten rasteten, um uns von den Gewaltmärschen der vorhergegangenen Tage etwas zu erholen.

Den 1sten August setzten wir unsern Rückzug auf Slonim fort, um hier die Österreicher, die uns entgegen kamen, zu erwarten.

Den 3ten August erreichte uns die Vorhut der Österreicher worauf wir wieder uns vorwärts bewegten und diesen Tag noch bis in die Gegen von Sokolow und Rinky marschierten. Die nächsten Tage ging unser Marsch über Podorosk, Nowi-Dwor nach Wielkawies, wo wir den 7ten anlangten und den 8ten und 9ten stehen blieben.

Den 10ten August rückten wir auf Pruszana, um die dort stehende russische Avantgarde unter General Lambert anzugreifen. Wir stellten uns den Russen gegenüber in Schlachtordnung auf, doch beschränkte sich das Gefecht nur auf eine lebhafte Kanonade, die wenigstens unserm Bataillon keinen Verlust zufügte und ein Reitergefecht, dem wir von fern zusahen. Die Russen zogen sich zurück, verfolgt von unserer Reiterei, während wir im Biwak bei Pruszana blieben und erst den andern Tag gegen Mittag folgten.

Am 11ten August gingen wir bis Zabin und vereinigten uns mit dem österreichischen Korps, welches auf unserem linken Flügel bei Gorodezna sich aufstellte. Getrennt durch ein breites morastiges Tal, durch welches nur wenig schmale Übergänge führten, standen die Russen auf den jenseitigen Höhen uns gegenüber. Wir sahen die Biwakfeuer des Feindes deutlich; Fürst Schwarzenberg kam nach Zabin, um sich mit General Reynier zu besprechen und diesen sahen wir auf dem Strohdach eines Hauses sitzen, um mit dem Fernrohr die Bewegungen und Stellungen der Russen zu erspähen, kurz alles deutete darauf hin, dass wir den folgenden Tag einen heißen Kampf zu bestehen haben würden. Mit diesen Gedanken legten wir uns auf unsere Lager und schliefen mit diesen ein. Da wurden wir plötzlich durch ein furchtbares Getöse aus unserm Schlaf aufgeschreckt, der Erdboden dröhnte wie unter dem Hufschlag von Tausenden von Pferden und uns überfallen wähnend eilten wir zu den Gewehren. Die Nacht war finster, wir sahen nichts und hörten nur, wie der ungeheure Lärm bei uns vorüber brauste, doch bei dem schwachen Schein der Wachtfür bemerkten wir bald einzelne Pferde, die in ihrer Nähe vorbei jagten, die aber zu unserem Erstaunen reiterlos waren. Wir hatten nicht lange gestanden, als wir gänzlich über den sonderbaren Vorfall aufgeklärt wurden durch die ihren Pferden nacheilenden Husaren des österreichischen Regiments Kaiser. Die sämtlichen Pferde des Regiments hatten sich, wahrscheinlich durch Wölfe aufgeschreckt, plötzlich losgerissenen waren, wild werdend entflohen. Beruhigt über unsere Besorgnisse kehrten wir auf unsere Lager zurück und verschliefen ruhig den Rest der Nacht.

Nachdem wir den andern Morgens, 12ten August, noch ruhig in unserm Biwak abgekocht hatten, ergriffen wir gegen 9 Uhr die Waffen und setzten uns zum Angriff auf die russische Stellung in Marsch. Auf dem linken Flügel dieser Stellung lag ein Wald, der schon Tags zuvor von unserer Avantgarde besetzt und von den Russen gänzlich vernachlässigt worden war. Während die Österreicher gegen die Übergänge von Gorodeczna und Podobna demonstrierten, ging der Marsch des sächsischen Korps hinter dem Dorfe Podobna weg, welches der Schlacht seinen Namen gab, auf einem schmalen Übergang über den sumpfigen Grund, der uns von der russischen Stellung schied, nach jenem Wald, an dessen Saum wir uns formierten. Durch unser Erscheinen in seiner linken Flanke wurde der Feind genötigt, seine Stellung links rückwärts zu verändern, indem er den linken Flügel zurücknahm, worauf wir aus dem Walde vorrückten, in Linie aufmarschierten und bis zu einem kleinen Höhenzug avancierten. Das lebhafteste Gefecht entspann sich nun auf unserm linken Flügel bei der Brigade Sahr, welche später durch die österreichische Division Bianchi unterstützt wurde, während wir, auf dem rechten Flügel, nur in eine lebhafte Kanonade mit dem Feind verwickelt wurden. Von 11 Uhr an bis nach Sonnenuntergang dauerte diese Kanonade, die uns im Verhältnis ihrer Heftigkeit nur wenig Verlust zuzog, bei welcher uns aber dann doch die Zeit sehr langsam verstrich und manch sehnsüchtiger Blick dem Lauf der Sonne folgte, ob sie sich nicht bald ihrem Untergang zuneigen würde. Mit Einbruch der Nacht schwieg allmählich das Feuer und wir blieben während derselben in unserer Stellung. Ich mit einem Teil meiner Kompanie wurde vorgesendet, um mit einer Blänkerlinie die Front des Bataillons zu decken, in welcher Lage ich bis zum Anbruch des Tages ausharren musste. Während der Nacht schon hatten wir bei den Russen das Getöse der fahrenden Geschütze gehört und am Morgen sahen wir, dass sie bis auf eine starke Nachhut abgezogen waren. Wir setzen uns nun auch in Bewegung, um ihnen zu folgen und langten gegen Abend bei Kobryn an, wo wir den folgenden Tag rasteten.

Den 15ten brachen wir zu weiter Verfolgung des Feindes auf, da aber die einzige über die Muchawiecz führende Brücke den Übergang zu lange aufgehalten haben würde, wurde dem sächsischen Korps eine Furt angewiesen, die wir durchwaten mussten. Das Wasser war so tief, dass es den Leuten bis an die Hüfte ging, wodurch das eigentümliche Schauspiel herbeigeführt wurde, dass die Truppen auf dem einen Ufer ihre Unterkleider aus und auf dem andern Ufer wieder anzogen und unter dem Schall der an den Ufern aufgestellten Musikchöre in so sonderbarer Toilette den Fluss passierten. An diesem Tag gingen wir bis Bulkow und erreichten am 16ten Brzesc. Wir wurden in dem ziemlich großen Orte einquartiert und erfreuten uns nach geraumer Zeit wieder eines Obdaches und der Gelegenheit, unsere gänzlich erschöpften Vorräte an Tabak, Kaffee, Zucker u. dergl. wieder ergänzen zu können.

Den 17ten mussten wir indes Brzesc wieder verlassen und bis Rudnia vorrücken, wo wir den folgenden Tag blieben. Von hier aus beginnen sumpfige Waldungen, die sich bis Luboml erstrecken und die wir auf den abscheulichsten Wegen, die noch dazu häufig durch Zerstörung der Brücken von den Russen unterbrochen waren, durchziehen mussten. Es geschah dies in mehreren Kolonnen, wobei das Bataillon Liebenau den 19ten bis Malarita, den 20ten nach Oreckowo, den 21ten nach Szazk-Meleniki und den 22ten nach Szazk marschierte, wo das ganze Korps sich wieder vereinigte. Hier rasteten wir den 23ten und rückten am 24ten nach Luboml. Ich hatte am 26ten mit der Kompanie die Wache im Hauptquartier, als Nachmittags unsere Vorposten von den Russen angegriffen und zurück gedrängt wurden, doch als diese Unterstützung erhielten, ließen die Russen bald von ferneren Angriffen ab und zogen sich zurück, so dass wir vom ganzen Gefechte, was indes ziemlich an Luboml sich heranzog, wenig beunruhigt wurden.

Am 28ten wurde von Luboml aufgebrochen, bis Macejow marschiert und den 29ten der Marsch auf Turisk fortgesetzt, wo wir bis zum 4ten September lagerten, während die Russen eine feste Stellung hinter dem Styr bei Luzk genommen hatten und neue russische Truppen unter Tschitschakow von der Moldau heranzogen. Am 4ten September veränderte das sächsische Korps seine Stellung, um die von Luzk über Wlodzioniensk nach dem Großherzogtum Warschau führende Straße zu beobachten und marschierte auf Kyselin, wo wir uns ein möglichst gutes Barackenlager bauten und in demselben bis zum 24ten September verweilten.

Die Russen hatten sich hinter dem Styr verstärkt und allgemein vermutete man, dass sie bald wieder zur Offensive übergehen würden. Am 21ten September verbreitete sich die Nachricht, dass in der Nacht zuvor der österreichische General Zechmeister, der mit einer Kavallerieabteilung rechts vorwärts von uns aufgestellt war, überfallen und seine Reiterei gänzlich versprengt worden sei. Das Ereignis sowie die häufigen Fälle, wo unsere Kavallerierekognoszierungen gefangen wurden, verfehlte nicht, eine gewisse Niedergeschlagenheit in uns hervorzurufen, die noch vermehrt wurde, als wir den 24ten ganz am frühen Morgen aufbrachen und bis Czernow zurückgingen. Den folgenden Tag setzten wir den Rückzug fort bis Turisk, kamen den 26ten nach Dolsk, den 27ten nach Olesk, brachen jedoch von hier des Nachts 11 Uhr wieder auf und langten den 28ten gegen Mittag, nachdem wir die ganze Nacht durchmarschiert waren, bei Luboml an, wo wir mit den Österreichern uns vereinten. Den 29ten mit Tagesanbruch griffen die Russen unsere Vorposten an, drängten diese zurück und erschienen im Lauf des Tages in immer stärkeren Massen uns gegenüber, ohne dass es jedoch zu mehr als einigen gewechselten Kanonenschüssen kam. Abends 4 Uhr traten wir unsern weiteren Rückzug an, langten am Morgen des 30ten bei Opalin an, wo wir einige Stunden weilten und gingen dann noch bis Olszanka am Bug. Hier oder vielleicht bei dem Dorfe Koszary wurde eine Schiffsbrücke geschlagen, der wir uns am 1sten Oktober näherten, hier Stellung nahmen und angesichts des uns folgenden Feindes nach und nach über dieselbe auf das linke Ufer des Flusses übergingen. Hier nahmen wir wieder Stellung bis die Brücke abgebrochen war und marschierten noch an diesem Tage bis Orchowek. Dieser meisterhafte Übergang über den Fluss in der Nähe des Feindes, ohne dass dieser ihn stören konnte, befestigte aufs Neue das Vertrauen der Truppen zu dem Heerführer und wahrhaften Jubel erregte bei den Soldaten das Erscheinen der Russen am jenseitige Ufer, als eben die Brücke in majestätischer Schwenkung sich nach dem linken Ufer bewegte.

Am 2ten Oktober ging unser Marsch den Fluss abwärts über Wlodowa, wo die Österreicher den Bug passiert hatten, nach Hanna, den 3ten auf Dobretin, worauf wir am 4ten bei Porzesc wieder auf das echte Ufer des Bugs übergingen und hier hinter der Muchawiec eine Stellung nahmen.

In dieser Stellung verharrten wir bis zum 10ten Oktober, wo wir in der Nacht aufbrachen, um den Rückzug fortzusetzen. Mit Tagesanbruch des 11ten erreichten wir die Lesna, überschritten dieselbe bei Kliniki und nahmen hinter diesem Flusse, über welchen die Brücken abgebrochen wurden, eine Position, bei welcher die Brigade Steindel in Reserve aufgestellt wurde zur Unterstützung des 1sten leichten Regiments, dem die unmittelbare Verteidigung des Übergangs übertragen war. Gegen Mittag erschienen die Russen unserer Stellung gegenüber und sogleich entspann sich ein lebhaftes Gefecht, bei welchem es dem Feind gelang, den Übergang über die Lesna herzustellen und mit der Spitze seiner Kolonne zu überschreiten. Das Bataillon Liebenau wurde eiligst nebst noch einem Bataillon zur Unterstützung der Schützen vorgesendet, doch als wir anlangten war es diesen bereits gelungen, die Russen wieder über die Brücke zurückzuwerfen, die nun in Brand gesteckt wurde, so wie die am jenseitigen Ufer liegenden Häuser. Ich erhielt den Befehl, mich mit der Kompanie in den oberhalb der Brücke sich hinstreckenden Gebüsch aufzustellen, von wo aus ich, über den schmalen aber tiefen Fluss, mit den gegenüberstehenden Russen ein ziemlich lebhaftes Blänkerfeuer unterhielt bis diese, von ferneren Angriffen auf diesem Punkt absehend, das Feuer einstellten.

Ein kleiner Hühnerhund, den ich in Dresden von Bose erhalten hatte und der bis jetzt mein steter Begleiter gewesen war, war bei der Schnelligkeit unseres Aufbruchs zur Unterstützung der Schützen, nicht von meinem Diener wie gewöhnlich an die Leine genommen worden, sondern war mir gefolgt. In dem Blänkerfeuer ließ er sich nicht abhalten, immer vor der Linie herumzulaufen und wahrscheinlich wurde er hier erschossen, denn ich habe ihn nicht wieder gesehen.

Mit Einbruch der Nacht verließ das Korps in größter Stille seine Stellung, das Bataillon Liebenau wurde zur Arriergarde bestimmt und ich erhielt den Befehl, nebst 25 Pferden von den Husaren mit der Kompanie die äußerste Nachhut zu bilden, zu welchem Ende ich um 11 Uhr die Stellung am Ufer des Flusses verlassen sollte. Ich zog meine Kompanie zusammen und erwartete nicht ohne Ungeduld die Stunde meines Abmarsches, deren genauen Zeitpunkt ich mich bemühte, bei dem Leuchten von faulem Holze in der dunklen Nacht an meiner Uhr zu entziffern. Endlich war meiner Meinung nach die richtige Zeit gekommen, ich marschierte so still wie möglich ab und folgte der Richtung, die von Strecke zu Strecke durch angezündete Feuer angegeben war. Entweder war das

Korps früher aufgebrochen als es anfänglich bestimmt war oder ich war, durch meine Uhr getäuscht, zu spät gefolgt, kurz ich überzeugte mich bald, dass keine Truppen unmittelbar vor mir marschierten und dass ich mit meiner Kompanie und dem kleinen Reitertrupp mich allein auf dem unbekannten Weg befand. Indes langte ich glücklich am Morgen bei dem Korps an, welches bei Wolczyn lagerte und erstaunte nicht wenig als ich beim General Lecoq eintrat, um mich zu melden, von diesem mit einem freudigen Ausruf empfangen zu werden, da man schon auf mein Eintreffen kaum mehr gehofft und vermutet hatte, dass ich gefangen worden sei.

Den 13ten ging unser Marsch auf Boratyniec, den 14ten auf Tura bei Siemiatice. In der Nacht vom 14ten auf den 15ten passierten wir bei Klimszica ohnweit Drohiszyn auf einer Schiffsbrücke abermals den Bug, hielten hier auf dem linken Ufer desselben einige Stunden und marschierten dann noch an diesem Tage, den 15ten, bis Sernaki wieder den Bug aufwärts, den 16ten bis Swory und langten den 17ten bei Biala an, wo wir nebst den Österreichern uns hinter der Biala aufstellten. In dieser Stellung wurden wir den 18ten von dem Korps des General Essen angegriffen, dieser Angriff aber abgewiesen. Das Bataillon Liebenau stand während des Gefechts in der Nähe von Biala, ohne jedoch unmittelbaren Anteil an denselben zu nehmen.

Am 19ten, den Tag nach dem Gefecht, gingen wir ziemlich denselben Weg wieder zurück, den wir gekommen waren, bis Skryssew, am linken Ufer des Bug Drohiszyn gegenüber, und lagerten hier bis zum 29ten Oktober. Die Witterung war schon ziemlich rau geworden, so dass das wärmende Feuer eines Kamins, das wir in unserer Baracke angebracht hatten, Kaiser und mir ihr wohltätig war. Oelschlägel war seit längerer Zeit schon nicht mehr bei uns, sondern wegen Krankheit in das Hospital gegangen. Überhaupt hatte sich unter dem Offizierskorps des Bataillons manche Veränderung seit Beginn des Feldzuges zugetragen. Beide Stabsoffiziere, Liebenau und Zanthier, hatten wegen Krankheit das Bataillon verlassen, so das schon bei Kusselin der Oberstleutnant Britzke vom Regiment Anton das Kommando des Bataillons übernommen hatte. Unser Adjutant, Lenz, war im Hospital verstorben, an dessen Stelle Leutnant Klix zu uns kam und mehrere Offiziers waren wegen Krankheit vom Bataillon abwesend.

Unsere häusliche Einrichtung hatte sich im Ganzen nicht verändert aber vervollkommnet durch das Bedürfnis und die gemachten Erfahrungen. Von Kusselin aus war, durch die fortwährenden Wechsel unserer Marschrichtung, die vielen Nachtmärsche und die große Nähe des Feindes, dessen leichte Kavallerie uns immer umschwärmte, die regelmäßige Verpflegung ins Stocken gekommen und wir lebten im Grunde nur von dem, was wir in den von uns besetzten Distrikt vorfanden. Schlachtvieh führten die Bataillone mit sich, Branntwein fanden wir fast überall, nur die Verteilung von Brot war nicht immer regelmäßig, doch haben wir in unserer Menage nie einen besonderen Mangel gelitten, denn wir sahen uns vor, immer einen kleinen Vorrat mit uns zu führen. Die Notwendigkeit Vorräte zu haben, machte den Besitz eines besonderen Packpferdes erforderlich, um diese sowie das nötige Kochgeschirr transportieren zu können und bei dem Überfluss an Pferden in diesem Land wurde es uns leicht gemacht, uns ein solches zuzueignen.

In dem Lager von Skrissew beerdigten wir den Kommandanten der Artillerie, Oberst Hoyer, der hier verstarb, wobei das Grenadierbataillon zu dem Ehrenfeuer befehligt war und in Parade ausrückte.

Die uns gegenüberstehende russische Armee hatte die Ufer des Bug mit Zurücklassung eines kleinen Korps verlassen und sich nördlich gegen den rechten Flügel der großen Armee gewendet, was unsere Heerführer bewog, sich in eben diese Richtung zu bewegen, um den bedrohten Flügel der großen Armee zu decken. Wir brachen daher am 29ten aus unserm Lager bei Skrissew auf und gingen wieder auf das rechte Ufer des Bug über, wo sich das österreichische und sächsische Korps zwischen Drohiczyn und Siemiaticze aufstellte. Die Sachsen lagerten bei Bujak. Nachdem wir den 30ten in dieser Stellung geblieben waren, rückten wir den 31ten nach Boratyniec in dieselbe Stellung, in welcher wir am 13ten Oktober gestanden hatten, marschierten den 1sten November bis Kleszosel und den 2ten nach Orla. Hier verweilten wir den 3ten, passierten am 4ten die Narew bei Rudnia und langten am 6ten bei Swislocz an, höchst ermüdet durch die grundlosen Wege, die uns durch die Moräste an den Ufern der Narew geführt hatten. Am 7ten rasteten wir daselbst und marschierten den 8ten über Hornestajwice gegen Lapinice bis Moshaily.

Der Feind drängte von Rudnia aus stark auf unsere Arriergarde, so dass es notwendig schien, sich ihm entgegenzustellen, wozu das sächsische Korps für hinreichend erachtet wurde, während die Österreicher den Marsch auf Slonim fortsetzten. Wir waren den 9ten und 10ten in unsrer Stellung geblieben und rückten am letzteren Tag Abends bis Waliskowzisna vor zur Deckung einer allgemeinen Rekognoszierung, welche General Reynier unternommen hatte. Den 11ten gingen wir nach Sokolniki zurück und kamen den 12ten durch einen Flankenmarsch wieder in die Gegend von Lapinice. Am 13ten wurde unsre Avantgarde angegriffen und auf unsere Stellung zurück geworfen, die Feinde jedoch hier durch die zur Unterstützung vorgesendete Brigade Sahr aufgehalten. Wir, die Division Lecoq, blieben ruhige Zuschauer des blutigen Gefechtes, welches bis gegen Abend dauerte.

Bei der weit überwiegenden Stärke der Russen, von denen die Korps der Generale Sacken und Essen uns gegenüberstanden, hielt General Reynier es nicht für angemessen, einen weiteren Angriff abzuwarten, weshalb wir am 14ten November früh 4 Uhr schon von Lapinice aufbrachen und auf Wolkowysk uns zurückzogen, wo wir noch in den Vormittagsstunden eintrafen. Wir bezogen eine Stellung auf einem Höhenzug, das Tal des Wolkowysk-Flüsschens vor unserer Front, so wie die Stadt Wolkowysk selbst, in welcher das Hauptquartier sich befand. Im Laufe des Tages langte die französische Division Durutte bei uns an, aus drei neu errichteten französischen Regimentern, dem Regiment Würzburg und einem Bataillon Portugiesen bestehend und bezog hinter unserer Stellung ihren Biwak.

Seit länger schon war vollständiger Winter eingetreten und die Kälte seit einigen Tagen bedeutend, so dass das zum Kochen nötige Wasser in den Gefäßen hart gefroren in den Biwak gebracht wurde und erst aufgetaut werden musste. In der Nacht, wo die Kälte uns wenig schlafen ließ, glaubte ich Schüsse fallen zu hören und machte Kaiser darauf aufmerksam, doch dieser behauptete, es wäre der Schall vom Holzspellen, da die Soldaten wegen der Kälte wohl frische Feuer anzünden würden. In des wurden die Schüsse häufiger, wir erkannten unseren Irrtum und in wenig Minuten standen die Truppen in den Waffen. In der vor uns liegenden Stadt wurde heftig geschossen und es blieb kein Zweifel, dass das Hauptquartier überfallen worden war. Die der Stadt zunächst stehenden Bataillone wurden herbeigerufen und der Kampf in dem nun brennenden Orte immer heftiger, welcher auch gegen Morgen gänzlich in den Händen des Feindes war. Wir hatten ruhig in unserer Stellung ausgeharrt, erwartend ob ein Angriff auf uns geschehen würde, was indes nicht der Fall war, sondern die Russen versuchten mit Anbruch des Tages auf unsern linken Flügel das Flüsschen zu überschreiten, wohin sich nun der Hauptschauplatz des Gefechtes zog. Zur Unterstützung dieses Flügels wurde unsere Brigade dorthin gesendet, doch ehe wir noch ankamen, hatte ein glücklicher Reiterangriff des General Gablenz den Feind wieder über das Flüsschen zurückgeworfen. Ein heftiges Blänkergefecht und Kanonenfeuer entspann sich nun auf dieser Seite, an dem wir indes keinen weiteren Anteil nahmen, als dass wir dem Kanonenfeuer des Feindes ausgesetzt waren. So verging dieser Tag, aber auch die darauf folgende Nacht, die wir in derselben Stellung zubrachten, brachte uns keine Ruhe, denn die Kälte wirkte um so stärker auf uns ein, als dass wir keine Lebensmittel hatten. Die Bekleidung der Soldaten war bei den fortwährenden Märschen in höchstem Grade mangelhaft geworden und viele gingen im eigentlichen Sinne schon in Lumpen einher. Um Feuer anzuzünden hatten wir kein Holz und es blieb, um sich zu erwärmen, kein Mittel übrig, als dass die Soldaten sich in dichtgedrängte Haufen stellten, um sich gegenseitig die Wärme ihrer Körper mitzuteilen oder durch heftige Bewegung der Gliedmaßen das stockende Blut in raschere Zirkulation zu bringen.

Kaum war es am Morgen des 16ten unseren Dienern gelungen, ein kleines Feuerchen anzuzünden und von aufgetauten Schnee uns einen Suppe zu kochen, als auch schon die russischen Kanonenkugeln wieder bei uns einschlugen, was uns jedoch nicht hinderte, unsere Suppe zu verzehren. Die Angriffe der Russen gegen den linken Flügel wiederholten sich heute, blieben jedoch eben so fruchtlos wie gestern. Da erhielten wir zu Mittag die neue Parole: Wolkowysk und Victoire und unser Vertrauen auf unsern General ließ uns nun in der gewissen Hoffnung des Sieges mit Freudigkeit in unserer beschwerlichen Lage ausharren.

Gegen Abend vernahmen wir im Rücken der russischen Stellung die Kanonenschüsse der österreichischen Vorhut zum Zeichen, dass diese sich uns nahte. Augenblicklich wurde der schon vorbereitete Sturm auf Wolkowysk durch ein Regiment der Division Durutte unternommen, die Stadt brannte aufs Neue, doch dauerte der Kampf nicht lange, denn die Russen traten in Eile den Rückzug an.

Den 17ten des Morgens zogen wir durch das niedergebrannte und ausgeplünderte Wolkowysk zur Verfolgung des Feindes, der sich gegen Brzesc zurückzog. Spät-Abends erreichten wir Sokolnicky, wo wir lagerten und kamen am 18ten von neuem in die uns wohlbekannten Moräste der Narew. Bei Weli-Krinki, das wir am 18ten erreichten, rasteten wir am 19ten und gingen den 20ten bis über Rudnia hinaus, wo ein Teil unserer Division mitten im Walde den Biwak angewiesen erhielt. Seit langer Zeit hatte ich keine Gelegenheit gefunden, die Wäsche zu wechseln, das Ungeziefer, das uns alle plagte, nahm bei mir überhand und ich beschloss daher, in ein Haus eines nicht fern liegenden Dorfes zu gehen, um das dringend gefühlte Bedürfnis nach reiner Wäsche und gründlicher Reinigung der vom Rauch der Biwakfeuer geschwärzten

Hände und Gesichts zu befriedigen. Hier fand ich den Backofen geheizt und um mit einem mal von dem mich plagenden Ungeziefer mich zu befreien, wurde meine ganze Equipage in den heißen Backofen geschoben. Das Mittelbar trefflich und der Zweck glücklich erreicht, aber leider fand sich, dass mein einziges paar Beinkleider bei der Expedition sehr gelitten hatte. Dem war nicht abzuhelfen, ich musste das defekte Kleidungsstück anlegen wie es war und war nur froh, das es nicht gänzlich in Feuer aufgegangen war. Dieser Biwak ist mir noch deshalb merkwürdig, weil wir des andern Morgen beim Erwachen uns von einer handhohen Lage Schnee bedeckt fanden, der während der Nacht in reichlicher Masse gefallen war.

Den 21ten setzten wir unsern Marsch fort, lagerten an diesem Tage bei Holyki, den 22ten bei Szereszow, dann den 23ten bei Wusznia, den 24ten bei Pelicze, den 25ten bei Kosnica und erreichten am 26ten November Brzesc, wo wir einquartiert wurden. Ich fand mit Kaiser bei einem Juden ein verhältnismäßig gutes Unterkommen und genoss mit Befriedigung die Wohltat eines Obdaches und einer warmen Stube.

Hier in Brzesc, wo wir bis zum 30ten verweilten, hörte die Verfolgung des Feindes auf. Eine große Anzahl Gefangener war auf dem Wege von Wolkowysk bis hierher gemacht worden, so wie auch viel Munition und Equipage erbeutetet worden war, doch mehr noch von den Österreichern als von uns. Unter dieser Beute befanden sich zwei Kamele, die der General Reynier erhalten hatte und die zur täglichen Belustigung unserer Soldaten, denen solche Tiere noch nicht vorgekommen waren, den Equipagen des Hauptquartiers folgten. Ihr Schicksal war indes ein trauriges, denn als auf unserm vierten Zuge aus der

Gegend von Slonim gegen Brzesc einstmals im Hauptquartier Feuer ausbrach, verbrannten sie mit den meisten Pferden des Generals Reynier.

Um dem Admiral Tschitschakoff wo möglich seinen Marsch gegen die französische Hauptarmee zu hindern, wendeten sich die Generale Schwarzenberg und Reynier nun wieder nordwärts gegen Slonim, wozu wir den 30ten November den Marsch von Brzesc aus antraten. Die fortdauernde strenge Kälte machte ferneres Biwakieren fast unmöglich, weshalb wir denn von jetzt an, mit wenigen Ausnahmen, immer in Ortschaften verlegt wurden, wo freilich oft ganze Kompanien ein kleines polnisches Bauernhaus angewiesen erhielten, wo sie sich einrichten mussten so gut es anging. Auf diese Weise fand ich den 30ten November mein Unterkommen in Rosky, den 1sten Dezember in Krusatice, den 2ten in Szereszow, den 3ten und 4ten in Pruszana und den 5ten in Worozbity. Hier feierte ich meinen Geburtstag bei einem Glas so genannten Kosakenpunsch, ein aus Branntwein und Honig bereiteten Getränk und suchte mich so wohl zu befinden, als es in meiner jetzigen Lage nur immer möglich war.

Bei einer Kälte von 28 Grad marschierten wir den 6ten nach Ostrowek und den 7ten durch Rozanna nach Sielenewice. Auf dem letzten, übrigens nicht langen Marsch, wo besonders ein schneidend kalter Wind uns entgegen wehte, waren soviel Mannschaften des Bataillons zurück geblieben, dass ich befehligt wurde, diese aufzusuchen. Kaum also im Quartier angekommen, musste ich mich auf mein Pferd setzen und den Weg, den wir gekommen waren, wieder zurück machen. Im neu eingerichteten Hospital zu Rozanna fand ich die meisten unserer fehlenden Leute, wo sie wegen erfrorener Gliedmaßen aufgenommen worden waren, daher ich denn meinen Weg auch nicht weiter fortsetzte, sondern wieder zum Bataillon zurückkehrte. Dieser kleine Marsch kostete unserm Bataillon viel, vielleicht bloß deshalb, weil wir während desselben genötigt waren, dem Befehl des General Steindel zu Folge, auf einer dem Luftzug sehr ausgesetzten Stelle die übrigen Bataillone der Brigade zu erwarten. Von meiner Kompanie allein wurden in dessen Folge gegen 30 Mann in das Hospital geschafft.

Hier bei Rozanna gelangte die erste Nachricht zu uns von dem Rückzug der großen französischen Armee, was dann auch unsern Rückzug gegen den Bug zur Folge hatte. Fast auf demselben Wege, den wir gekommen waren, ging unser Marsch, den unsere Division den 12ten oder 13ten antrat, wieder in Richtung Brzesc. Den 13ten marschierten wir bis Podorosk, den 14ten bis Nowidwor, den 15ten bis Szereszew, den 16ten bis Kamenetz, den 17ten Rast, den 18ten bis Ostrowotek und den 19ten bis Wolczyn, wo wir in engen Kantonnierungsquartieren bis zum 23ten stehen blieben. Am 23ten rückten wir in die Gegend von Siemiatyce, bleiben daselbst den 24ten, gingen am 25ten über den gefrorenen Bug und bezogen bei Siedlec Kantonierungen, wo wir bis zum 28ten Dezember blieben. Hier erkrankte ich am Nervenfieber und entsinne mich noch eines Besuchs des General Lecoq, wo ich mich von meinem Lager erheben wollte, aber augenblicklich wieder niederfiel. In diesem Zustand konnte ich nicht beim Bataillon bleiben und als daher am 28ten das Korps andere Kantonnements hinter der Liwiec bezog, wurde ich in einen Schlitten gepackt und von meinem Diener begleitet nach Warschau geschafft.

In Warschau brachte mich mein Diener nach dem Hotel de Dresde, einem Gasthof, wo die sächsischen Offiziere sich aufzuhalten pflegten und zu meinem Glück fand ich hier den Hauptmann Hopfgarten von unserm Bataillon, welcher, ich weis nicht zu welchem Zweck, in Warschau kommandiert zurückgeblieben war. Ich war in Folge der Krankheit in gänzliche Apathie verfallen, hatte völlig das Gehör verloren und ließ geschehen, was man mit mir vornahm. Wäre ich in diesem Zustand in ein Hospital geschafft worden, in denen damals der Typhus herrschte, so wäre ich wahrscheinlich diesem verfallen, daher sich Hopfgarten meiner annahm und mir ein Quartier verschaffte. Ich wurde dahin geschafft, aber der Wirt wollte mich nicht aufnehmen und erst nach langem Verhandeln, als alle von seiner Seite getanen Schritte mich loszuwerden fruchtlos blieben, wurde mir hinter einer spanischen Wand ein notdürftiges Lager im Zimmer bereitet. Hier lag ich nun die folgenden Tage ohne weitere Pflege, denn mein Diener war genötigt viel abwesend zu sein, um mein in dem, sehr entfernten, Hotel de Dresde stehendes Pferd zu versorgen und alle seine Bemühungen, einen Arzt herbeizurufen, blieben fruchtlos, da diese in den Hospitälern zu beschäftigt waren oder auf seine Bitten nicht achteten. Im Hause bekümmerte sich Niemand im geringsten um mich und musste ich eines Bedürfnisses halber das Bett verlassen, so führte mich mein Diener mühsam aus dem Parterrezimmer, in dem ich lag, auf den schneebedeckten Hof. So brachte ich viel Tage zu, ohne Arznei, meiner eigenen guten Natur überlassen, aber eben vielleicht deshalb verließ mich das Fieber und als ich eines Tages mich so kräftig fühlte, um das Bett zu verlassen und mich auf einen Stuhl setzen zu können, kam endlich ein Arzt. Nachdem dieser mich examiniert und meinen Puls untersucht hatte, erklärte er mir, dass meine Krankheit gehoben sei und ich zu meiner völligen Genesung nur Kräfte brauchte, zu deren Erlangung er mir eine Anweisung auf volle Verpflegung aus dem Hotel de

Dresde gab. Meine Wiederherstellung ging auch von nun an mit raschen Schritten vorwärts, das Gehör fand sich wieder und es dauerte nicht lange, dass ich so gekräftigt war, um, wenn auch langsam und auf den Stock gestützt, selbst in das Hotel de Dresde gehen zu können.

Während meiner Krankheit war häufig die Tochter eines in der Nachbarschaft wohnenden sächsischen Försters zu mir gekommen, um sich mit Teilnahme in Namen des Vaters nach meinem Befinden zu erkundigen, hatte mir meinen Wirtsleuten gegenüber als Dolmetscherin gedient und mir wohl auch, als ich wieder auf war, zuweilen eine kleine Erfrischung, wie ein Kompott u. dergl., von ihren Eltern gebracht und mir manche Viertelstunde durch ihr Plaudern vertrieben. Noch jetzt mache ich mir es zum Vorwurf, dass ich später von Warschau fortging, ohne mich für die gezeigte freundliche Teilnahme bei den Eltern zu bedanken.

In den letzten Tagen des Monats Januar war das sächsische Korps bei Warschau über die Wechsel zurückgegangen und kartonierte in der Gegend von Willanow. Ich ging am 1sten Februar wieder zu meinem Bataillon, mit dem ich den weiteren Rückmarsch gegen Kalisch am 2ten Februar antrat.

Mehrere Veränderungen unter den Offizieren des Bataillons hatten sich während meiner Abwesenheit und auch schon früher zugetragen. So waren die beiden Stabsofiziere, Liebenau und Zanthier, wieder eingetroffen, wie auch Oehlschlägel. Linsingen und August waren versetzt oder zur Formierung neuer Bataillone nach Sachsen zurückgesendet worden, wogegen Wurmb und Uslar bei der 1sten Kompanie angestellt worden waren.

Unser weiterer Rückmarsch, den wir am 2ten Februar in unseren Kolonnen antraten, ging an diesem Tage bis Hellenow, den 3ten in die Gegend von Wistutzky, den 4ten nach Bolinow, den 5ten nach Makow und den 6ten Stricow, wo am 7ten gerastet wurde. Den 8ten brachen wir wieder auf und zogen über Bruzyca, Baldzychow, Przechte-Piekarska nach Zakrzin, wo wir am 11ten anlangten. Der am heutigen Tag erfolgte Angriff der Russen auf unsere Vorposten an mehreren Orten zeigte das ernste Vordringen derselben von Plotzk her und wir blieben den 12ten in unserer Stellung, um die angegriffene Kolonne des General Gablenz aufzunehmen. Um Mitternacht setzten wir uns wieder in Marsch in der Richtung auf Kalisch und vereinigten uns den 13ten früh nach einem sehr beschwerlichen Nachtmarsch, da durch das eingetretene Tauwetter die Wege grundlos geworden waren, mit den Truppen unter General Gablenz bei Jelmie unweit Kalisch. Hier sah ich meinen Onkel Georg Kühn, der bei Polenz Dragoner stand, zum letzten Mal. Im Laufe des Tages noch wurde er verwundet und gefangen, worauf er später in Kalisch verstorben ist.

Der General Reynier, der an einen ernsten Angriff des Feindes nicht glaubte und nur wenige leichte Truppen desselben in der Nähe vermutete, verlegte das Korps in die Ortschaften um Kalisch, auf dem rechten Ufer der Prozna. Das Bataillon Liebenau nebst 2 Kompanien von Anton kamen nach Kokanin auf der Straße von Kalisch nach Stawyszin, ohngefähr 1 ½ Stunden von ersterem Ort entfernt. General Lecoq hatte aus Vorsicht die beiden Kompanien von Anton nebst einem Geschütz vor Kokanin aufgestellt, mit einer Kompanie, der 2ten Grenadierkompanie von Friedrich, den Kirchhof in der Mitte des Ortes besetzt und die anderen drei Kompanien des Bataillons, von denen jedoch eine immer unter den Waffen in Bereitschaft stehen musste, in Alarmhäusern verteilt. Unsre Kompanien waren nach und nach sehr schwach geworden, so dass z.B. die Meinige ohngefähr noch einige und 50 Mann zählte und keine der schwächsten war, so dass die ganze Besatzung von Kokanin gewiss nicht über 300 Mann zählte. Anstatt der vermuteten einzelnen Reiterabteilungen war das ganze, 10.000 Mann starke russische Korps des Generals Winzingerode in unserer Nähe und dessen Spitze erschien gegen 3 Uhr auf den Höhen von Russow uns gegenüber, sogleich einen Angriff auf das im Marsch gegen Kokanin begriffene Regiment Polenz unternehmend. Meine Kompanie stand zu dieser Zeit gerade in Bereitschaft und der herbei eilende General Lecoq befehligte mich, sogleich dem Regiment Polenz zur Hilfe zu eilen, während die beiden anderen Kompanien sich sammelten. Aus den Häusern des Dorfes heraustretend, fand ich schon die Umgebung mit zahlreichen Kosakenschwärmen erfüllt und es blieb mir nichts anderes übrig, als mich längs der Hecken und Lehmmauern des Dorfes hinzuziehen und von hier aus ein tüchtiges Blänkerfeuer auf die rechte Flanke der russischen Reiterei zu senden. Ich erreichte hierdurch so viel, dass die Schwärme sich vom Dorf entfernten, konnte aber nicht hindern, dass der Angriff auf das Regiment Polenz ausgeführt und dieses geworfen wurde. Mittlerweile waren die beiden anderen Kompanien ebenfalls herbeigekommen, von denen die 3te, Wurmb, in ein kleines, in meiner rechten Flanke vorwärts gelegenes, Gebüsch geworfen wurde, die 1ste aber in der Nähe des Dorfes blieb. Die immer stärker werdenden feindlichen Reitermassen, von denen das Dorf auch auf der linken Seite umgangen worden war, rückten in der Richtung auf Kalisch vorwärts und drohten unseren Rückzug völlig abzuschneiden, weshalb Major Liebenau mir den Befehl sandte, mich mit der 1sten Kompanie zu vereinigen, was möglichst schnell ausgeführt wurde. Diese beiden Kompanien bildeten nun ein Viereck und begannen ohne weiteren Aufenthalt den Rückzug auf der Straße nach Kalisch, während die 3te Kompanie, Wurmb, die uns nicht hatte erreichen können, uns mit kurzem Zwischenraum folgte. Anfänglich umschwärmten uns nur Kosaken, von denen Einzelne gegen uns heransprengten und ihre Pistolen gegen uns abfeuerten, ohne uns indes weiteren Schaden zuzufügenden, als dass Leutnant Uslar leicht verwundet wurde. Mit diesen einzelnen Reitern befassten wir uns weiter nicht, sondern setzten unsern Weg fort, nur gegen die Kosaken zuweilen einen Mann vortreten lassend, um durch einen wohlgezielten Schuss ihnen etwas mehr Achtung vor unserer Nähe einzuflößen. Nachdem sie uns auf diese Weise das Geleit eine Strecke lang gegeben hatten, brauste denn auch eine geschlossene Reitertruppe mit vielem Geschrei gegen uns an, doch als wir hielten und uns schussfertig machten, kehrten sie schnell wieder um, ohne dass wir uns verlocken ließen unser Feuer, trotz der Nähe, abzugeben, worauf wir unsern Marsch ungesäumt wieder fortsetzten. Jetzt aber begann eine andere Demonstration, die unser endliches Fortkommen nach Kalisch sehr zweifelhaft erscheinen ließ. Wir sahen, dass die uns zur Rechten begleitenden Reiterschwärme zurückgerufen wurden und gleich darauf erschienen zwei reitende Geschütze, die auch alsbald einen Hagel von Kartätschen auf uns sendeten. Bei der sehr großen Nähe, in welcher die Geschütze aufgefahren waren, überschossen sie uns jedoch größtenteils, so dass die Kugeln in den Bajonetten klapperten, aber nur wenige ihr Ziel erreichten. Unaufhaltsam setzten wir unsern Weg fort, aber auch die Geschütze folgten, fuhren bei uns vorbei, stellten sich auf geeigneter Stelle auf und begannen ihr Kartätschenfeuer, sobald wir in dessen Bereich kamen.

Gleich bei den ersten Schüssen war Major Liebenau in den Schenkel verwundet worden, worauf er das Karree verlassen wollte. Doch die Grenadiere schlossen sich dicht aneinander und ließen ihn nicht hindurch, da er bei dem Austritt aus dem Karree augenblicklich eine Beute des Feindes geworden wäre. In diesem kleinen Karree sah es indes seltsam genug aus, dessen kleiner Raum von den Pferden des Majors und Adjutanten, den Offiziersdienern mit Handpferden und den Verwundeten, die alle mit fortgenommen wurden, mehr als ausgefüllt war und selbst einem Paar Marketenderinnen Schutz gewährte.

In dieser Verfassung näherten wir uns nun endlich Kalisch, auf dessen vorliegenden Höhen die in der Stadt gelegenen Truppen der Division Durutte aufmarschiert waren, wodurch die Russen von weiteren Angriffen auf unser kleines Häuflein abgehalten wurden und uns nun ruhig weiterziehen ließen.

Die auf dem Kirchhof von Kokanin zurückgebliebene 3te Kompanie des Bataillons unter Hauptmann Angermann wurde gefangen, eben so wie die beiden Kompanien von Anton, die vor Kokanin gestanden hatten. Major Zanthier, welcher wegen Krankheit nicht zu Pferde steigen konnte, folgte dem Bataillon aus Kokanin auf einem Wagen, wurde aber natürlich sehr bald von Kosaken umgeben und vor unseren Augen gefangen.

Später, als wir in Sachsen waren, wurden in Folge des Gefechtes von Kalisch die Kompanie-Kommandanten des Bataillons, Przygrodzki, Wurmb und ich, zu dem Heinrichsorden vorgeschlagen, General Lecoq aber fand für gut, meinen Namen zu streichen und dafür den von Kaiser hinzuzufügen, der sonderbarer Weise garnicht bei dem Gefecht zugegen, sondern sich während desselben in Kalisch zum Fassen von Lebensmitteln befunden hatten. Diese drei erhielten auch wirklich den Orden, ich aber ging leer aus.

In Kalisch wurden wir zur Besetzung der Vorstadt verwendet, bis wir des Abends über die Prosna zurück gezogen wurden, worauf die Reste des Korps sich hinter Kalisch versammelten. Major v.Egidy von den Schützen übernahm hier das Kommando des Bataillons.

Mit Tagesanbruch, den 14ten Februar, begann das Korps den weiteren Rückzug, den wir bei den grundlosen Wegen mit nur kurzen Unterbrechungen, um zu ruhen, so zu sagen in einem Zuge fortsetzten, bis wir den 17ten bei Schlichtingsheim unweit Glogau eintrafen, wo wir uns endlich für gesichert genug hielten, um die Nacht über zu rasten. Wir waren den 14ten des Nachmittags bis Roszhow gekommen, von dort aber Abends 7 Uhr wieder aufgebrochen und die Nacht durch bis Kobylin marschiert, wo wir den 15ten gegen Mittag eintrafen. In der Nacht wurde von hier wieder aufgebrochen und über Prawetz bis Ober-Rauden marschiert, wo das Korps in den Nachmittagsstunden des 16ten ankam. Nach kurzer Ruhe wurde von hier aus unser Bataillon nebst der uns einzig verbliebenen Reiterei, eine Schwadron Ulanen, vorausgesendet, um den so genannten Hundepass, ein morastiges Defilee im Walde, das uns der Feind von Fraustadt aus verlegen konnte, zu besetzen. Wir fanden glücklicherweise das Defilee frei und erwarteten hier das Korps, mit dem wir den Marsch nach Schlichtingsheim fortsetzten, wo wir am 17ten gegen Abend ankamen. Zum ersten Mal fanden wir hier wieder längere Ruhe und einige Verpflegung, was beides uns höchst nötig war. Den

18ten gingen wir durch Glogau, um im Schutz der Festung hinter der Oder Kantonnierungsquartiere zu beziehen. Mich führte ein günstiges Geschick auf ein Rittergut, zwei Stunden von Glogau, wo ich sehr freundlich aufgenommen wurde und alle Bequemlichkeiten und Genüsse fand die ein gutes Quartier nur bieten kann.

Keine Worte vermögen das wonnige Gefühl zu beschreiben, das sich unserer hier bemeisterte, als wir uns so plötzlich aus den größten Beschwerden und Entbehrungen des Krieges in die größte Ruhe und Sicherheit versetzt und so lange entbehrte Bedürfnisse, wie ein Bett, ein wohlbesetzter Tisch und gebildete Gesellschaft fanden, aber auch Niemand vermag die Wollust unseres Zustandes zu ermessen, der nicht die vorhergegangenen Entbehrungen und Beschwerden ertragen hat.

Bis zum 22ten blieben wir hier in diesem Quartier, dessen ich mich immer dankbar erinnern werde, wiewohl ich leider weder den Namen des Ortes noch den der Familie, die uns so freundlich aufnahm, behalten habe. Unbeunruhigt vom Feinde, aber von den Bewohnern des Landes angefeindet, zogen wir nun durch Schlesien dem Vaterlande zu. Wir erreichten den 22ten die Gegend von Neustädtel, den 23ten Freistadt, den 24ten Sprottau, wo wir am 25ten näher zusammengezogen wurden, da feindliche Truppen bereits die Oder passiert und Streifkorps schon in Löwenberg sich gezeigt hatten. Den 26ten gingen wir bis in die Gegend von Freiwalde und betraten am 27ten den vaterländischen Boden, dessen Grenzpfahl wir mit Jubel begrüßten. Die Neiße bei Steinbach passierend kamen wir an diesem Tage in die Gegend von Rothenburg, den 28ten bis Niesky und rückten den 1sten März in Bautzen ein. Sechs Tage blieben wir hier stehen, suchten in der Freude uns wieder im Vaterlande zu befinden, die

Beschwerden des Feldzuges zu vergessen. Neu formierte Truppen waren zu uns gestoßen.

Täglich mit Anbruch des Tages rückten wir in die Position auf den Höhen am linken Spreeufer und nachdem wir einige Stunden dort gestanden und die ausgesendeten Rekognoszierungen keine feindliche Annäherung bemerkt hatten, zogen wir wieder in Bautzen ein, wo wir den Rest des Tages uns so gut wie möglich zu divertieren suchten.

Am 6ten März gingen wir auf Dresden zurück. Ich hatte mein Quartier in Weißig, was mir noch dadurch merkwürdig ist, dass ich hier den letzten polnischen Plagegeist, der sich noch in meinen Kleidern erhalten hatte, tötete. Tags darauf, den 7ten März, erblickten wir von der Höhe beim Hirsch die Elbe und Dresden mit unbeschreiblichem Jubel wieder und zogen, begleitet von vielen Tausenden, die uns entgegengekommen waren, in Dresden ein.

Dresden und Torgau 1813

Den 7ten März waren wir in Dresden eingerückt und wurden in Neustadt einquartiert. Kaum hatte ich meine Kompanie einquartiert als ich sogleich zu meiner Mutter eilte, die ich nebst den ihrigen wohl und gesund fand und freudig von ihnen empfangen wurde. Den Wunsch meiner Mutter, bei ihr zu wohnen, konnte ich nicht erfüllen, da ich von der Kompanie mich nicht entfernen durfte, doch brachte ich alle freie Zeit während des Aufenthalts in Dresden natürlich bei ihr zu. Meine Schwester Natalie, damals 10 Jahre alt, war ein schönes liebes Kind geworden, dass sich schon früher mit großer Liebe mir zugewendet hatte und die ich ihr herzlich erwiderte.

Die ersten Tage unseres Aufenthalts in Dresden verflossen uns ruhig und ich gab mich ganz der Freude hin, mich wieder im Vaterlande und im Kreis der Meinigen zu sehen. Aber leider dauerte diese ruhige Zeit nicht lange und schon am 10ten wurde sie durch die Unruhen unterbrochen, welche die Anstalten zur Sprengung der Brücke unter der Bevölkerung Dresdens hervorriefen. Ich befand mich am Abend dieses Tages im Theater, wo die Schweizer Familie gegeben wurde, als die Nachricht von den Aufläufen in der Stadt und von der Versammlung der Truppen mich erreichte. Sogleich verließ ich das Theater und eilte über die Brücke, um mich auf den Alarmplatz des Bataillons zu begeben. Die Brücke war voller Menschen, welche eben die Arbeiter an der beabsichtigten Miene verjagt, das Handwerkszeug in die Elbe geworfen und den französischen Ingenieur-Offizier verfolgten, um diesen dem Handwerkszeug nachzusenden. Sobald das Bataillon versammelt war, wurde es nach der Altstadt gesendet, wo der Pöbel eben beschäftigt war, dem General Reynier, der im Brühlschen Palais wohnte, die Fenster einzuwerfen. Sowohl auf dem Platze vor der katholischen Kirche als in der Augustusstraße fanden wir ungeheure Massen von Menschen, die jedoch uns unter Vivatrufen überall Platz machten. Es gelang uns leicht, die Augustusstraße zu räumen und zu besetzen, ohne dass von unserer Seite hätte Gewalt angewendet werden müssen und nachdem noch mehr Truppen herbei gekommen waren, wurde auch die Brücke wie der Platz an dem Schlosse geräumt. In kurzer Zeit war die Ruhe wieder hergestellt, doch tat sich die herrschende Aufregung durch die Menschenmassen kund, welche in den Straßen auf und ab wogten. Die Truppen mussten deshalb beisammen bleiben und in der kalten Märznacht auf dem Straßenpflaster biwakieren, was denn uns manche Verwünschung gegen die Dresdner Einwohnerschaft entlockte. Mir war der Platz zwischen Finanzgebäude und Elbe, wo jetzt die Treppe zur Terrasse sich befindet, zum Nachtlager angewiesen, wo ich mich denn ohne Stroh herzlich schlecht befand. Einen Teil des anderen Morgen mussten wir noch auf den Straßen ausharren, indes waren die Arbeiten zur Sprengung der Brücke eingestellt worden, die Stadt war ruhig geworden und wir wurden wieder in die Quartiere entlassen.

Hatten am 10ten und 11ten die Bürger Dresdens uns unter die Waffen gerufen, so geschah dies am 12ten durch die Russen, welche unsere Vorposten bei Klotzsche des Nachmittags angriffen. Nachdem hierauf die Vorposten etwas zurück genommen worden waren und die Feinde von ferneren Angriffen abließen, kehrten auch wir in unsere Quartiere zurück.

Den 13ten traf der Marschall Davout mit einem Teil des 1sten Armeekorps in Dresden ein, dem den folgenden Tag die andere Hälfte nachfolgte. Wir wurden nach Altstadt verlegt, wo ich mein Quartier in der Pirnaischen Gasse erhielt. General Reynier verließ das Korps und wenn schon seit den 12ten in der Nacht die Arbeiten zur Sprengung der Brücke wieder begonnen hatten, so wurden sie nun mit größerer Energie fortgesetzt. Am 19ten früh traten die Truppen unter die Waffen und da man wusste, dass heute die Brücke gesprengt werden sollte, so war alles in der größten Spannung, die Stadt war zwar ruhig, aber eine gewisse Schwüle, wie vor einem Gewitter, schien auf ihr zu lasten. Unser Bataillon stand auf dem Pirnaischen Platz, als gegen 9 Uhr ein dumpfer Schall uns belehrte, dass die Sprengung der Brücke erfolgt sei. Marschall Davout verließ mit seinem Korps heute noch Dresden, die Neustadt war bis auf eine kleine Besatzung geräumt und jeden Augenblick erwarteten wir nun die Ankunft des Feindes und erste Angriffe. Aber am 20ten erst erschienen die ersten Kosaken in der Nähe der Neustadt am Ufer der Elbe, mit denen einige Schüsse gewechselt wurden, was sie in einer gewissen Entfernung erhielt.

Die schwachen Trümmer unseres Korps wurden am 21ten zu vier Bataillonen vereinigt und alle entbehrlichen Offiziers und Unteroffiziers sowie 100 Mann Schützen wurden bestimmt, nach Torgau zu gehen, um dort bei der Formierung neuer Bataillone mitzuwirken. Ich war hierzu ebenfalls bestimmt worden und verließ mit den Übrigen, welchen die gleiche Bestimmung geworden war, am 21ten März unter den Befehlen des Generals Sahr Dresden.

Am 23ten kamen wir in Torgau an. Ich wurde bei einem neu gebildeten Bataillon des Regiments Clemens, nunmehr von Steindel, angestellt und erhielt das Kommando der 4ten Kompanie. Da das Bataillon nur aus Rekruten bestand, so begann nun für mich ein anderer Kreis der Tätigkeit, das Exerzieren derselben, womit wir, so zu sagen, Tag und Nacht beschäftigt waren. Schon am 27ten langten die übrigen Truppen aus Dresden unter Führung des Generals Lecoq an, welcher dieselben an den Gouverneur der Festung, General Thielmann, übergab und so dann das Korps verließ.

Es begann von nun an für uns, die wir in der Festung Torgau vereinigt waren, ein eigentümlicher Zeitabschnitt, der nicht ohne Reiz war, trotz der Ungewissheit in der wir uns befanden, ob wir künftig mit den Franzosen oder gegen diese fechten würden. Die Festung war, dem ausdrücklichen Befehl des Königs zu Folge, sowohl den französischen als den alliierten Truppen verschlossen. Doch wurden Verbindungen mit Letzteren von unserem Kommandanten Thielmann unterhalten, was uns nicht unbekannt blieb und überhaupt neigte unsere Stimmung sich immer mehr und mehr den Alliierten zu. Die Erhebung des preußischen Volkes, wie der Enthusiasmus der sich fast überall kund gab für eine endliche Befreiung des deutschen Vaterlandes von seinen französischen Unterdrückern, hatten auch die entschiedensten Franzosenfreunde unter uns in ihren Meinungen wankend gemacht und fast durchgängig war es der Wunsch, dass der König die Partei der Alliierten ergreifen möge. Die Diskussion dieser Frage, die immer gespannte Erwartung auf politische Neuigkeiten, die Erinnerungen an den eben beendeten Feldzug, alles dieses brachte in unsere kameradschaftlichen Vereine, die bei der großen Menge der anwesenden Offiziere stets sehr zahlreich waren, eine gewisse Bewegung und Lebhaftigkeit, die sie nur um so genußreicher machte. Besonders war im Gasthof zum Anker, der am Markt gelegen war und wo ich alle meine dienstfreien Stunden zuzubringen pflegte, stets eine große Anzahl von Offizieren versammelt, die teils in den Zimmern sich verteilten, teils in Gruppen vor dem Hause saßen, auf dem Markt hin und her gingen und hier Unterhaltung suchten und fanden. Auch die Karten mussten dazu beitragen, Unterhaltung zu gewähren und neben einem unschuldigen Whist, das der Liebhaber hier fand, war auch fast fortwährend Bank, zu der ich nicht verfehlte, manchen Taler hinzutragen. Zuweilen störte aber auch Streit unsere kameradschaftlichen Vereinigungen und ich selbst wurde unangenehmer Weise in einen solchen verwickelt. Leutnant Selmnitz und Leutnant Polenz, beide von unserem Regiment, waren, ich weiß nicht mehr aus welcher Ursache, in einen so heftigen Wortwechsel gekommen, dass Beleidigungen erfolgten, die ein Duell herbei führten. Selmnitz war ein roher Mensch, der so viel ich mich entsinne, den Streit herbei geführt hatte und Polenz absichtlich dahin gebracht hatte, dass er ihn fordern musste. Ich wurde von Polenz zum Sekundanten ausersehen und das Duell ging in der Lünette Loßwig, einem kleinen Außenwerk in dem ein Offizier unseres Regiment, Hauptmann Stutterheim, Kommandant war, vor sich. Trotz meiner Bemühungen, dem Duell einen möglichst gelinden Ausgang zu verschaffen, gelang mir dies bei der Hitze der beiden Kämpfenden nicht, sondern Polenz erhielt eine sehr bedeutende Verwundung im Gesicht, deren Spuren er noch heute trägt.

Das französische Heer war wieder über den Rhein vorgerückt und die Frage, welche Partei von uns zu ergreifen sei, wurde immer nötiger und ihre Entscheidung immer dringender. Thielmann besaß die Liebe der Truppen in hohem Grade und er mochte glauben, dass sie ihm, der sich längst für die Alliierten entschieden hatte, unbedenklich folgen würden wohin er sie führte, besonders da der allgemeine Wunsch dahin ging, in den Reihen der Alliierten gegen die Franzosen zu fechten. Um sich der Offiziere noch mehr zu versichern, wurde ein allgemeines Diner veranstaltet (zum Geburtstag Thielmanns am 27ten April), gegen dessen Ende Thielmann einige Toasts auf die Alliierten ausbrachte oder ausbringen wollte, was den General Sahr zu einer heftigen Entgegnung veranlasste und einen lebhaften Wortwechsel zwischen beiden herbeiführte. Ich hatte meinen Platz in einem Nebenzimmer und war daher nicht Zeuge dieser Szene, doch verbreitete sich die Kunde davon schnell unter uns und die Versammlung ging in der heftigsten Aufregung auseinander. Wenige nur erklärten sich unbedingt für Thielmann und die Meisten traten der Meinung des Generals

Sahr bei, dass bevor man sich ausspreche erst die Befehle des Königs zu erwarten wären.

Da erschien plötzlich am 7ten Mai der General Reynier mit einem französischen Korps vor der Festung und verlangte, dass ihm dieselbe geöffnet werde, was von Thielmann abgeschlagen wurde. Ich war mit dem Bataillon von Steindel, bei welchem ich stand, seit ein paar Tagen nach dem Fort Zinna verlegt worden (seit der Nachricht von der Schlacht bei Lützen, worauf die Vorsichtsmaßregeln in der Festung erhöht wurden), dessen Kommandant der Major v.Spiegel war und uns gegenüber lagerten die Franzosen auf den Höhen von Süptitz. Wir sahen am Fuß unsere Wälle die Unterredung von Reynier und Thielmann, die nur kurz war und von der verlautete, dass Thielmann, den Befehl des Königs vorschützend, die Öffnung der Festung verweigert hatte. Für uns im Fort Zinna begann nun eine Zeit des angestrengtesten Dienstes, da die Besatzung zu schwach war für das noch nicht einmal völlig vollendete Fort und die höchste Wachsamkeit uns anbefohlen war. Wir blieben eigentlich fortwährend im Dienst und wechselten nur zwischen Wache auf den Wällen und Bereitschaft im Inneren des Forts, wo uns ebenfalls keinerlei Bequemlichkeit gestattet war und wir des Nachts die Waffen nicht aus der Hand legen durften.

Mit jeder Stunde vermehrte sich unsere Spannung über den endlichen Ausgang, welchen die Angelegenheit nehmen würde, als wir am 10ten Mai Abends in der Festung Alarm schlagen hörten. Unser erster Gedanke war, dass ein Angriff erwartet würde, weshalb wir unsere Wachsamkeit verdoppelten, die Wälle besetzten und die ganze Nacht bereit blieben, einem Angriff zu begegnen. Der Morgen klärte uns auf. Es war der Befehl des Königs an Thielmann eingegangen, die Festung der Franzosen zu eröffnen. Dieser hatte die Stabsoffiziere versammelt und ihnen erklärt, dass er bereit wäre, die Festung gegen die Franzosen zu verteidigen wenn sie, die Stabsoffiziere, seine Meinung teilten. Doch er fand keine Zustimmung und es blieb ihm nichts übrig, als zu den Alliierten über zu gehen, was er denn auch sogleich ausführte. Sobald die Entfernung Thielmanns kündbar geworden war, ließ General Sahr (General Steindel, welcher der ältere General war, war ohne Bedeutung und fügte sich den Anordnungen Sahrs) sogleich Alarm schlagen, um der Truppen sich zu versichern und einem vielleicht gefürchteten Handstreich zu begegnen.

Am 11ten März zog Reynier in die Festung, wo indes nur ein Teil der mit ihm gekommenen Truppen blieb, während der größte Teil auf das andere Elbufer überging und übernahm von Neuem wieder das Kommando über die sächsischen Truppen.

Feldzug 1813

General Reynier war den 11ten Mai in Torgau angekommen. Noch an demselben Tag oder wenigstens den folgenden hielt er Revue über uns und befahl die Formierung einer mobilen Division unter dem General Sahr und die Bereithaltung zum baldigen Abmarsch. Aus den alten Truppen und den eingeübten Rekruten wurden acht Infanterie-Bataillone in zwei Brigaden gebildet, an denen die erste General Mellentin, die zweite mein Stiefvater Bose befehligte. Ich erhielt das Kommando der 4ten Kompanie des Bataillons vom Regiment Steindel, welches der Oberstleutnant Seydewitz befehligte. Wiewohl auf keine Weise zum Abmarsch vorbereitet, musste die 2te Brigade doch schon am 12ten ausrücken und einen Biwak beim Dorfe Werdau beziehen, wohin ihr die 1ste Brigade am

13ten folgte. Ganz unerwartet kam uns am Morgen des 14ten der Befehl, noch an diesem Tag aufzubrechen, was denn auch Nachmittags 2 Uhr geschah, worauf wir bis Annaberg marschierten. Den 15ten verweilten wir daselbst, marschierten den 16ten auf Schönewalde und von da, nach einigen Stunden Rast, bis Dahme. Am 17ten traten wir schon mit Anbruch des Tages unter die Waffen, weil man die Nähe eines starken russischen Korps vermutete, marschierte aber erst gegen Mittag ab, nachdem die Spitze des Korps von Victor in unserer Stellung angelangt war und lagerten des Abends bei Luckau. Hier verblieben wir am 18ten, weil uns die Bestimmung geworden war, vereint mit dem 2ten Korps unter Victor gegen Berlin zu marschieren, jedoch wurde diese Bestimmung wieder geändert und wir befehligt, dem Marschall Ney auf Bautzen zu folgen, welcher mit dem 3ten, 5ten und 7ten Korps die rechte Flanke der Alliierten umgehen sollte. Wir brachen demnach den 19ten mit Tagesanbruch auf und marschierten über Kalau, wo wir einige Stunden ruhten, bis Alt-Döbern auf der Straße nach Hoyerswerda. Früh 7 Uhr den 20ten setzten wir dem Marsch fort und langten Abends in Hoyerswerda an.

Den 21ten früh $^1/_2$ 7 Uhr brachen wir von Hoyerswerda auf, folgten bis Wartha der Straße nach Bautzen und wandten uns dann links über Weißig und Hermsdorf nach Klix, wo wir Nachmittags gegen 3 Uhr anlangten. Hier ruhten wir nur kurze Zeit, passierten dann bei Klix die Spree und marschierten, nachdem wir uns hinter den Höhen von Gleina in Schlachtordnung formiert hatten, über Preititz gegen Belgern, um noch Teil an der Schlacht zu nehmen. Dieser Anteil beschränkte sich indes bloß auf eine heftige Kanonade mit dem Korps des Generals Kleist, welcher das Feuer jedoch bald abbrach und sich über Weißenberg zurückzog. Das 7te Korps wurde bestimmt, als äußerste Spitze der Armee dem Feinde zu folgen, was über Wurschen bis Nachern geschah, wo wir in Kolonne zu beiden Seiten der Straße die Nacht über biwakierten.

Mit dem abrechenden Morgen des 22ten Mai weckten uns die russischen Kugeln aus dem Schlafe, welche uns von der feindlichen Nachhut aus ihrer Stellung bei Kotitz in unseren Biwak gesendet wurden. Das Feuer wurde von unserem Geschütz sofort erwidert, doch nicht lange fortgesetzt, denn die Russen zogen bald ab und an uns gelangte der Befehl, sie zu verfolgen. Wir setzten uns in Marsch aber schon hinter dem Löbauer Wasser hatte der Feind eine neue Stellung genommen, aus der uns seine Kugeln bei unserm Anrücken begrüßten, so dass wir genötigt waren, uns auf Weißenberg zu wenden, um ihn in der Flanke anzugreifen. Nach einigem Widerstand verließen die Russen auch diese Stellung und wir folgten ihnen auf der Straße gegen Reichenbach, fanden sie aber hinter den Schöpsbach erneut aufgestellt. Neue Kanonade, neue Demonstration von unserer Seite über Meuselwitz in die feindliche rechte Flanke und weiteren Rückzug der Russen auf Reichenbach. Hier aber hatte der Feind eine starke Stellung eingenommen, die er hartnäckig verteidigen zu wollen schien und aus welcher er uns bei unserer Annäherung sehr lebhaft beschoss. Der Angriff auf diese Stellung wurde sogleich unternommen, wobei die Brigade Mellentin gegen das Städtchen Reichenbach dirigiert wurde. Im Sturmschritt rückten wir darauf los; das an unserer Spitze befindliche Garde-Bataillon drang ein und vertrieb die feindlichen Blänker aus dem Ort, während das Bataillon Steindel rechts um die Stadt herum ging und sich hier in Kolonne aufstellte. Eine Granate, die hier in meine Kompanie fiel und platzte, richtete eine ziemliche Verwirrung darin an und nur mit großer Mühe gelang es mir, die jungen Soldaten zu bewegen, die entstandene Lücke wieder aufzufüllen.

Bedeutend Reitermassen des Feindes auf dessen linken Flügel führten hier ein Reitergefecht herbei, in welchem die Franzosen geworfen wurden, bis endlich die ganz schwere Reiterei des Generals Latour Maubourg herbei eilte und die Russen zum Abzug nötigte. Diesem Reitergefecht sahen wir von unserer Stellung aus zu und nicht leicht kann man ein imposanteres Schauspiel sehen, als eben diese Gefechte darboten.

Auch der russische rechte Flügel war jetzt vom 5ten Korps Lauriston angegriffen worden und wir richteten nun unsere Angriffe auf den noch von ihm besetzten Töpferberg, den sie indes uns bald überließen. Kaum aber hatten wir die Höhe erstiegen, so sahen wir den Feind uns schon wieder gegenüber auf einer Anhöhe aufgestellt, von der er uns auf das heftigste beschoss. Napoleon kam hier zu uns, lobte unser bisheriges Verhalten und befahl, dass wir aufs Neue vorrücken und den Feind aus seiner jetzigen Stellung vertreiben sollten. Unter den Augen des Kaisers rückten unsere Kolonnen den Töpferberg herab im lebhaftesten Feuer des Feindes und schritten den jenseitigen Anhöhen zu, welche die Russen indes verließen, ehe wir sie noch erstiegen hatten. Der Feind zog sich auf Markersdorf zurück, wohin ihn unsere Jäger und Schützen verfolgten, während unsere Brigade am Ausgang des Waldes vor Markersdorf halten blieb. Das Blänkergefecht hatte sich schon ziemlich weit von uns entfernt, als hier eine feindliche Flintenkugel mich in der Kolonne erreichte und noch mit solcher Kraft an meine linke Schulter schlug, dass ich, mich verwundet wähnend, mich umdrehte und nach einem Chirurgus rief. Die Kugel hatte indes nur den Mantelkragen und Überrock durchbohrt und den elastisch Kranz des Epaulette eingedrückt, von wo sie erlahmend herabgefallen war, so dass ich für diesmal mit den Schock davon kam.

Noch einmal hatte sich der Feind vor Görlitz gesetzt und beschoss uns bei unserm weiteren Vorrücken, bei welcher Gelegenheit der Marschall Duroc, im Gefolge des Kaisers, tödlich getroffen wurde. Die Nacht machte endlich dem Gefecht ein Ende und wir bezogen bei Hottendorf, rechts der Straße nach Görlitz, einen Biwak, wo die uns so höchst bedürftige Ruhe des Nachts durch öfters gewechselte Schüsse auf den nahen Vorposten häufig gestört wurde.

Am 23ten folgte unser Korps dem in der Nacht über die Neiße zurückgegangenen Feind nach Görlitz, wo wir gegen 10 Uhr ankamen und die noch rauchenden Trümmer der Brücke fanden. Sogleich wurde oberhalb der Stadt, nachdem die feindlichen Blänker vom jenseitigen Ufer vertrieben waren, eine Brücke geschlagen, über welche wir zu marschieren gerade im Begriff waren, als der Kaiser anlangte und die Passierung des Flusses durch die Truppen selbst lebhaft betrieb. Wir sammelten uns hinter den Höhen, die am rechten Ufer des Flusses aufsteigen, ohne indes gänzlich vor seinen Wurfgeschützen gedeckt zu sein. Sobald das 7te Korps völlig den Fluss passiert und sich in Schlachtordnung formiert hatte, rückten wir auf der Straße nach Lauban vor und kamen sogleich wieder in den Bereich des Geschützfeuers des Feindes, der sich bei Leopoldshain aufgestellt hatte. Unsere Geschütze antworteten und kurze Zeit darauf zog sich der Feind durch Leopoldshain zurück. Hier und besonders in dem hinter dem Dorfe gelegenen Wald entspann sich ein sehr heftiges Blänkergefecht, das einen Augenblick zum Nachteil unserer Schützen sich wendete, so dass unser Bataillon und noch ein anderes der Brigade Mellentin schleunigst durch das brennende Dorf zur Unterstützung vorgesendet wurde. Ohne das wir jedoch selbst unmittelbaren Anteil an dem Blänkergefecht genommen hatten, schien der Feind durch unser Erscheinen zum Rückzug veranlasst, das Feuer verminderte sich immer mehr und schwieg endlich gänzlich. Wir gingen vollends durch den Wald durch und bezogen jenseits desselben, das Dorf Trotschendorf vor uns, einen Biwak.

Das 4te französische Armeekorps übernahm vom 24ten an die weitere Verfolgung des Feindes und wir marschierten über Kieslingswalde, Hellersdorf und Ullersdorf gegen Naumburg am Queis, wo wir, die abgebrochene Brücke bald herstellend, noch Abends 6 Uhr den Fluß passierten und auf dessen rechten Ufer den Biwak bezogen. Den 23ten setzten wir den Marsch über Ollendorf nach Schlemmer am Bober fort, blieben hier, bis von unseren Sappeurs eine Brücke erbaut war, auf der wir den Fluss überschritten und erreichten an diesem Tage noch Neu-Jäschwitz an der Straße von Bunzlau auf Löwenberg.

Am 26ten ging unser Marsch über Wartha und Märzdorf gegen Modelsdorf, um hier die schnelle Deisel zu überschreiten. Ehe wir jedoch noch dahin gelangten hörten wir das Kanonenfeuer von dem Überfall, welchen der General Blücher auf das 5te französische Korps bei Haynau ausführte, was den General Reynier bewog, diesen zur Unterstützung, sich gegen Haynau zu wenden. Wir biwakierten bei Steinsdorf.

Den 27ten marschierten wir in der Richtung auf Liegnitz und zwar fast stets in Kolonne in Schlachtordnung, weil die Nähe der feindlichen Armee vermutet wurde. Ein großer Teil des Heeres versammelte sich bei Liegnitz, jedoch gingen die Truppen in verschiedenen Richtungen weiter während das 7te Korps hier stehen blieb, wohin auch das Hauptquartier des Kaisers kam. Den 28ten blieben wir bei Liegnitz stehen, während an diesem Tag der Kaiser eine Rekognoszierung gegen Jauer zu unternahm, von der er jedoch bald zurückkehrte. Den 29ten nach Kloster Wahlstatt, von wo wir nach vierstündigen Aufenthalt noch bis Bransdorf marschierten. Den folgenden Tag, am 30ten Mai, ging unser Marsch über Ausche, Riegel nach Dietzendorf, südlich von Neumark, wo wir bis zum 31ten Mittag lagerten. Um diese Stunde brachen wir von da auf und marschierten über Hansdorf und Leuthen gegen Arnoldsmühl am Schweidnitzer Wasser. Hier entspann sich am Ufer des Flusses ein Blänkergefecht, an dem wir indes keinen näheren Anteil nahmen und während dessen die Brücke über den Fluss hergestellt wurde.

Am 1sten Juni verbreitete sich die Nachricht von dem abgeschlossenen Waffenstillstand, die mit großer Befriedigung von uns aufgenommen wurde, indem wir hoffte, dass der Friede ihm folgen würde. Das 7te Korps rückte an diesem Tag noch bis Purschwitz am Schweidnitzer Wasser aufwärts, wo wir ein Lager bezogen, in dem wir bis zum 6ten Juni stehen blieben.

Am 7ten Juni verließen wir in Folge des Waffenstillstandes das Purschwitzer Lager und traten den Marsch nach Sachsen an, der uns über Ober-Moys, Jauer, Goldberg und Löwenberg nach Lauban führte, in dessen Gegend wir einige Zeit kantonierten. Ich entsinne mich hier, in einer schön gelegenen Mühle, ein angenehmes Quartier gehabt zu haben, weis mich aber den Namen des Dorfes nicht zu erinnern. Von hier kamen wir nach Radmeritz bei Görlitz, wo sämtliche Offiziers des Bataillons ihr Quartier im Fräuleinstift erhielten. Den Damen, denen diese Einquartierung keine Unbequemlichkeit sondern eine erwünschte Abwechslung war, waren wir willkommene Gäste und wir befanden uns die acht Tage, die wir ohngefähr hier verweilten, sehr wohl. Gegen Ende des Monats Juni bezog das Korps ein Lager am rechten Ufer der Neiße in der Nähe von Görlitz. Da wir während der ganzen Dauer der Waffenruhe in diesem Lager verbleiben sollten, so wurde es von bretternen Baracken ziemlich solide erbaut und wir richteten uns in demselben so bequem als möglich ein. Die Offiziere einer Kompanie bewohnten die selbe Baracke, ich erinnere mich aber nur, dass Sichart, der jetzige Oberst, die Meinige mit mit teilte und kann mich nicht entsinnen, ob noch ein dritter Offizier sich bei der Kompanie befand und anwesend war. Vielleicht ist mir auch jener nur im Gedächtnis geblieben, weil er, damals noch sehr jung, mich immer neckte und ich, um Ruhe zu haben, ihn einmal scherzhafter Weise im polnischen Bock[1] spannte.

Exerziert wurde in diesen Tagen sehr viel und der Eifer ging bei uns Offizieren des Bataillons so weit, dass wir aus eigenem Antriebe in freien Stunden uns vereinigten und uns übten, um Gleichförmigkeit im Marsch und Regelmäßigkeit in den Bewegungen des Bataillons so vollkommen als möglich herbeizuführen.

Im Anfang des Monats August, wenn ich nicht irre, traf General Lecoq mit den in Torgau gebildeten Truppen bei uns uns ein und es fand eine neue Formierung des Korps statt. Das Regiment wurde wieder zu 2 Bataillons formiert, wobei ich das Kommando der 4ten Kompanie be-

---

[1] wohl im Sinne von Spanischer Bock, Strafesel

hielt. Der zum Oberst beförderte Oberstleutnant von Seydewitz war Regimentskommandant und Major von Larisch Kommandeur meines Bataillons.

Am 10ten August wurde das eigentlich auf den 15ten fallende Napoleonsfest im Lager gefeiert durch offizielles Offiziersdiner, mit Kanonenschüssen beim Toast auf den Kaiser, Speisung der Mannschaft, Feuerwerk und dergl. mehr, ohne dass sich indes ein besonderer Enthusiasmus kund gegeben hätte.

Den 12ten August des Nachts war der Befehl zum Aufbruch des Korps angekommen, schon am 13ten marschierte die 2te sächsische Division und die unsrige folgte den 14ten nach. Wir gingen an diesem Tag bis Crabe, Klitten pp. in der Gegend Muskau, den 15ten bis in die Gegend Spremberg, den 16ten bis Oggeresen bei Kalau und bezogen den 17ten gedrängte Quartiere in der Umgebung von Luckau. Den 18ten versammelte sich das ganze Korps bei Schenkendorf und marschierte von da vereint gegen die brandenburgische Grenze. Die erste Division kam in Biwak bei Groß-Zischt, wo wir den folgenden Tag wieder aufbrachen, bei Schönfeld die preußische Grenze überschrittenen und hier lagerten. Wir verblieben den 20ten in derselben Stellung und benutzten diesen Ruhetag, an welchem bereits Vorpostengefechte stattfanden, um uns auf die herannahenden ernsten Ereignisse vorzubereiten. Das uns eine solche Vorbereitung höchst nötig war geht daraus hervor, dass wir viele neue Leute hatten, die noch nicht verstanden mit Pulverpatronen zu laden und denen es heute erst gelehrt wurde und dass, wenigstens in meiner Kompanie, noch Gewehre vorhanden waren die, um damit schießen zu können, der Reparatur höchst bedürftig waren.

Am 21ten August brachen wir wieder auf und rückten gegen Wittstock vor, wobei sich bei unseren Vortruppen die erste Gelegenheit fand, Kanonenschüsse mit dem Feind zu wechseln. Die erste Division biwakierte bei Christinendorf. Den 22ten wurde die feindliche Stellung bei Wittstock angegriffen und genommen, wobei besonders die französische Division Durutte und die Brigade Brause tätig waren. Unsere Brigade blieb in Reserve ohne unmittelbaren Anteil am Gefecht zu nehmen, was erst gegen Abend endete.

In konzentrierten Kolonnen biwakierten wir hinter dem brennenden Wittstock. Alles deutete darauf hin, dass wir am nächsten Tage hart mit dem Feind zusammentreffen würden und niemand zweifelte daran, dass der nächste Abend uns in Berlin finden würde. Wir Offiziere unterhielten uns an unserem Feuer von den Herrlichkeiten Berlins und machten uns Pläne, wie wir von den Genüssen der Residenz Vorteil ziehen wollten. Nicht fern von unserm Feuer befand sich an dem der Wache ein gefangener preußischer Ulan, mit dem ich mich in ein Gespräch einließ und in Folge dessen äußerte, wie wir gedächten morgen Abend in Berlin zu sein. Da müsse kein Gott im Himmel sein, antwortete mir der unerschrockene Preuße und mir wurde klar, welch ganz anderer Geist im preußischen Heer herrschte als in dem unsrigen, wo die Siegeshoffnung nur in dem Genie unsers Heerführers wurzelt.

Schon während der Nacht hatte es begonnen zu regnen und in den Morgenstunden des 23ten strömte der Regen im wahren Sinne des Wortes auf uns herab. Wir blieben, jeden Augenblick des Abmarsches gewärtig, auf unserm Biwak hinter Wittstock stehen, bis wir rechts von uns die Kanonen des 4ten Armeekorps, Bertrand, ertönen hörten, worauf das 7te Korps sich in Bewegung setzte und endlich um Mittag auch unsere Division den übrigen Truppen folgte. Das ganze Fuhrwerk des Korps zog vor uns her, so dass wir auf den vom Regen durchweichten und vom Fuhrwerk zerfahrenen Wege einen höchst beschwerlichen Marsch hatten. Wir hatten noch nicht den zwischen Wittstock und Großbeeren gelegenen Wald erreicht, als wir aus dem Kanonenfeuer vor uns hörten, dass unsere Vorgruppen bereits im Gefecht waren, weshalb wir unsere Schritte verdoppelten und an dem Fuhrwerk vorbei durch den Wald eilten. Bei unserm Austritt aus demselben sahen wir die 2te Division von uns im heftigsten Gefecht bei dem etwas rechst vorwärts von uns liegenden Dorfe Großbeeren und auf den Höhen hinter dem Dorfe eine zahlreiche preußische Artillerie, welche, der unsrigen überlegen, die Truppen vor uns mit Kugeln überschüttete. Wir marschierten auf dem linken Flügel der Stellung neben der Division Durutte auf und rückten etwas vor, gegen ein einzelnes vor unserer Front liegendes Vorwerk, Neu-Beeren, gegen welches Blänker entsendet wurden. Mit jedem Augenblick erwarteten wir hier auf unserm linken Flügel das Erscheinen des 12ten Korps, Oudinot, aber vergebens, während das preußische Korps von Bülow sich in immer stärkeren Massen auf unseren rechten Flügel warf, welcher diesem Angriff nicht zu widerstehen vermochte. Um den Feind in seinem Fortschritt aufzuhalten, da auch das Korps von Betrand in unserer rechten Flanke nicht erschien, wurde unsere Division in Kolonne formiert nach dem rechten Flügel in Bewegung gesetzt, doch ehe wir diesen erreicht hatten, hatte die Division Durutte den Kampfplatz verlassen und unsere Division erhielt nun den Befehl, den Rückzug zu decken, weshalb sie sich dem Wald zuwendete. Langsam und in Ordnung zogen wir uns nun durch denselben zurück, vom Feinde nur schwach verfolgten langten Abends 10 Uhr bei Löwenbruch, einem Dorf zwischen dem Wald und Wittstock an, wo wir Halt machten und uns lagerten. Der den ganzen Tag fortstrebende Regen ließ endlich nach und wir waren nun im Stande uns Feuer anzuzünden, uns zu trocknen und wer glücklich genug war Lebensmittel zu haben, diese in Ruhe zu verzehren. Im Tornister meines Dieners fand sich ein trockenes Hemd und trockene Stiefel und Strümpfe. Ich benutzte die Ruhe, diese Kleidungsstücke anzulegen und mich dagegen der gänzlich durchnässten zu entledigen, worauf ein warmer Kaffee mit Brot nicht wenig dazu beitrug, mein Wohlbefinden zu erhöhen und die gesunkenen Kräfte wieder neu zu beleben. Nach einer Rast von einigen Stunden brachen wir noch in der Nacht wieder auf, gingen durch das Defilee von Wittstock zurück, verweilten hinter dem Ort bis zum Anbruch des Tages und setzten dann den Rückzug, auf denselben Weg den wir gekommen, bis Schönfeld fort, wo wir übernachteten.

Am 25ten ging die Richtung unseres Marsches auf Jüterbog, verfolgt vom Feinde, der indes von unserer Nachhut durch dann und wann angebrachte Kanonenschüsse in Respekt gehalten wurde. Bei Werben, wo wir uns mit dem 12ten Korps vereinigten, wurde gelagert und in derselben Stellung den 26ten verblieben, um die Ankunft des 4ten Korps zu erwarten. Den 27ten setzten alle 3 Korps den Marsch auf Jüterbog fort und zwar wegen der Nähe des Feindes in schlagfertigen Kolonnen nebeneinander über die Felder. Die 1ste sächsische Division erhielt ihren Lagerplatz zwischen Jüterbog und Rohrbeck, doch fand mein Bataillon hier noch keine Ruhe, da wir des Abends zur Deckung des Hauptparks nach Dennewitz entsendet wurden. Den folgenden Tag, 28ten, brachen wir gegen

Mittag auf, marschierten wie den vorhergehenden in gefechtsbereiten Kolonnen, auf allen Seiten von Kosaken umschwärmt und lagerten bei Mellnsdorf. Diese Märsche in fortwährend schlagfertiger Ordnung waren höchst ermüdend, uns umso mehr als die Verpflegung höchst ungenügend war, da wir durch die uns umgebenden Kosaken fast nur auf den Ort beschränkt wurden, wo wir lagerten. In gleicher Weise setzten wir den 29ten den Marsch auf Kropstädt fort. Schon unterwegs nahte feindliche Reiterei sich unseren Kolonnen so sehr und in solcher Stärke, dass ein förmliches Gefecht mit ihr begonnen wurde und kaum waren wir bei Kropstädt in unserer Stellung angekommen, als auch der Angriff von feindlicher Seite ernsthafter wurde. Unser Bataillon wurde zum Blänkern in einem Wald auf den linken Flügel der Stellung geworfen, doch nahten sich uns nur Kosaken, die alsobald zurückwichen, als sie von uns beschossen wurden. Das Gefecht, was im Grunde nur in einer Kanonade und Drohung von Reiterangriffen bestand, zog sich bis Abend hin, wo die Erscheinung des 12ten französischen Korps ihm ein Ende machte. Noch in der Nacht wurde das Bataillon unter dem Oberst Seydewitz entsendet, um zur Sicherung der linken Flanke zu dienen, doch entsinne ich mich nicht mehr, wo und wie unsere Aufstellung war. Den 30ten und 31ten, an welchen Tagen die 3 Korps unter fortwährenden Vorpostengefechten sich immer mehr vereinigten, blieben wir ohngefähr in derselben Stellung bei Kropstädt, bis am 1sten September dieselbe in etwas verändert wurde, wobei unser Bataillon wieder zur Brigade und mit dieser bei der Schäferei von Kropstädt zu stehen kam.

Die Bewegungen des Feindes ließen auch den 2ten September einen Angriff erwarten, weshalb unsere Truppen schon mit Tagesanbruch unter die Waffen traten. Die 1ste Division wurde früh 4 Uhr bei Jahmo vereinigt und blieb hier bis Nachmittag schlagfertig stehen.

Den 3ten September brachen sämtliche 3 Korps auf und gingen bis in die Nähe der Festung Wittenberg zurück, wo sie zwischen dieser und Dobbin eine Stellung nahmen bei welcher das 7te Korps den linken Flügel hatte. Der Feind folgte unserem Marsch, beunruhigte unsere Nachhut und griff selbst Nachmittag noch die nicht weit vor unserer Front stehenden Vorposten an, was ein ziemliches Gefecht veranlasste, das mit Zurückweisung des Feindes endete.

Am 4ten September, wo wir in der gestrigen Stellung verblieben, traf der Marschall Ney ein, der bestimmt war, den Oberbefehl über die 3 Korps zu übernehmen. Die Truppen mussten am Nachmittag sich aufstellen, wo der Marschall, die Front herabreitend, sie besichtigte.

Den 5ten brachen die 3 Korps aus der Stellung vor Wittenberg auf und marschierten gegen Zahne, ebenfalls wie in den vorhergehenden Tagen in Kolonnen, Artillerie und Fuhrwerk zwischen denselben. Das vor uns marschierende 12te Korps hatte ein bedeutendes Gefecht bei Zahne gegen das Korps von Tauenzien, was indes mit großem Verlust zurückgeworfen wurde. Wir marschierten über den Schauplatz des Gefechtes und übernachteten jenseits Zahne zwischen Zahmsdorf und Lootze.

Am folgenden Tag, den 6ten September, wurde der Marsch in gleicher Weise gegen Jüterbog fortgesetzt. Das 4te Korps, welches als erstes Echelon vorwärts vom 7ten Korps marschierte, traf zuerst auf den Feind, General Tauenzien, bei Gernsdorf und da es durch das Korps von Bülow in seiner linken Flanke bedroht wurde, so veränderten wir unsere Marschrichtung, um auf den linken Flügel des 4ten Korps zu rücken. Bevor wir noch in die Gefechtslinie rückten hatten ward Halt gemacht, wahrscheinlich weil der General Reynier sich erst mit dem Stand des Gefechtes bekannt machen wollte, als in unserm Rücken feindliche Reiterei erschien, gegen welche unsere Geschütze gerichtet wurden. Wenig Schüsse reichten zwar hin, diese Reiterei zu vertreiben, aber der Eindruck den ihr Erscheinen gemacht hatte, war kein günstiger auf die Truppen. Bald darauf rückten wir vor, um neben dem 4ten Korps aufzumarschieren, das schon Terrain verloren hatte und dessen rückkehrendes Fuhrwerk unseren Marsch aufhielt. Kaum waren wir unter dem feindlichen Feier aufmarschiert, als das Grenadier-Bataillon Spiegel und die beiden Bataillons des Regiments Steindel den Befehl erhielten, das vor unserer Front liegende Dorf Gölsdorf dem Feinde zu entreißen. In Kolonnen rückten wir gegen dasselbe vor und uns ausbreitend warfen wir uns auf die Umzäunung desselben, überstiegen diese und waren ohne sehr großen Widerstand zu finden bald im Besitz des ziemlich langen, parallel mit unserer Front laufenden Dorfes. Ohne uns erst im Dorf wieder zu ordnen folgten wir dem zurückweichenden Feinde in dichter Blänkerlinie nach, was auch ein Vorrücken der uns rechts stehenden Truppen zur Folge hatte, welche das Dorf auf dieser Seite umgingen. Wir hatten uns indes noch nicht weit über das Dorf hinaus entfernt, als wir von bedeutenden Truppenmassen auf unserm linken Flügel bedroht, uns wieder in dasselbe zurückzogen und in der Front angegriffen, es auch gänzlich verließen, was nicht so schnell geschehen sein würde, wenn wir uns nach dem ersten gelungnen Angriff die Zeit genommen hätten uns zu ordnen, während wir jetzt im größten Durcheinander waren, Offiziere und Soldaten von allen Kompanien gemischt. Außerhalb des Dorfes angekommen sammelten wir unsere Mannschaften, gingen noch einmal gegen das Dorf vor und bemächtigten uns desselben zum zweiten Mal. Diesmal blieben wir jedoch nicht lange im Besitz davon sondern wurden bald genötigt, es wieder zu verlassen, worauf wir uns darauf beschränkten, mit dem in Besitz des Dorfes gelangten Feind zu blänkeln. Die Hitze war groß, der Staub ungeheuer und ich bis zum Umsinken erschöpft, da erschien mitten im heftigsten Blänkerfeuer mein Diener und brachte mir einen Topf mit Milch, den er Gott weis wie und wo erbeutet hatte. Wie dieser Trunk mich erquickte, davon kann nur der einen Begriff sich machen, der je in ähnlicher Lage sich befand.

Von nun an nahm der Gang der Schlacht eine immer ungünstigere Wendung. Das auf unserm rechten Flügel befindliche 4te Korps wich zurück, ein allgemeiner Rückzug begann, bei dem unsere Division die Deckung übernehmen sollte. Wir kreuzten uns mit Truppen des 12ten Korps namentlich Bayern, die sich uns anschlossen, rückkehrende Artillerie unterbrach die Ordnung unseres Marsches und feindliche Reitermassen drohten uns anzufallen. In Vierecke geordnet gelang uns indes der Rückzug in ziemlicher Ordnung, wobei das Karree beinahe durch einen Reiterangriff gesprengt worden wäre, denn schon waren die feindlichen Reiter, die wir für Bayern hielten, bis dicht an uns herangekommen, als wir unseres Irrtums gewahr werdend ihnen unsere Bajonette entgegenhielten, da wir keine Munition mehr hatten, worauf sie von uns abließen und sich auf eine in der Nähe fahrende Batterie warfen, die ihnen leichtere und bessere Beute verhieß. Bald nun erreichten uns die Grenaden der leichten Batterien, die uns zur Verfolgung nachgesendet wurden, das viele zwischen den Kolonnen befindliche Fuhrwerk kam dadurch in höchste Verwirrung und nach und nach wurde aus den bisher noch ziemlich geordneten Rückzug eine wilde Flucht, wo nur jeder strebte, den vor uns liegenden, Rettung verheißenden Wald zu erreichen, was uns endlich mit einbrechender Nacht gelang. So viel möglich suchten nun die Parteien sich zu sammeln und setzten in der Dunkelheit den Weg fort, so viel es die erschöpften Kräfte gestatteten. Der Feind hatte von Verfolgung nachgelassen und die Kolonne, deren ich mit einem Teil des Bataillons mich angeschlossen hatte, marschierte in größter Stille weiter, als plötzlich zwei rasch folgende Kanonenschüsse auf unsere Spitze uns stutzig machten. Die gleich darauf wieder eintretende Stille belehrte uns, dass ein eigentlicher Angriff nicht beabsichtigt sein konnte und wirklich zeigte sich später, dass die Schüsse von zwei durch eine Streifpartei genommenen Kanonen herrührten, welche dieselben bei unserer Annäherung abgefeuert und stehen gelassen hatte. Die ganze Nacht durch setzten wir unsern Marsch fort und ruhten nur einmal bei einem Ort, wo wir, glaube ich, die Spree passierten, doch weiß ich nicht mehr, wo dies geschah, so dass ich ungewiss bin, ob wir unser Weg über Annaburg oder Herzberg genommen hatten. Den Rest der Nacht und den folgenden Morgen ging unser Marsch unaufhaltsam fort, so dass ich endlich dermaßen erschöpft war, dass ich nicht mehr fortzukommen vermochte. Entschlossen, über mich ergehen zu lassen was da kommen möge, legte ich mich am Wege unter einen Baum und hier fand mich mein Freund Goldacker, der als Adjutant beritten, sogleich vom Pferde stieg, mir dasselbe überließ und auf diese Weise mich rettete.

Endlich gegen Mittag des 7ten kamen wir in der Nähe von Torgau bei Zwethau an, wo wir schon vor uns angekommene sächsische Truppen fanden. So viel möglich wurden die Bataillone wieder geordnet und zwischen Graditz und Werda aufgestellt, wo wir die Nacht zubrachten. Den folgenden Tag gingen wir durch Torgau auf das linke Elbufer, lagerten einige Stunden bei Zinna, wo eine neue Formierung des Korps vorgenommen wurde und rückten dann auf einen Biwak bei Süptitz. Die Schlacht von Dennewitz hatte uns viel gekostet; von unserm Regiment war Hauptmann Brunnau geblieben, Hauptmann Koppenfels schwer verwundet, ebenso Leutnant Neitschütz, welche beide bald darauf in Torgau starben und noch andere Offiziere leicht verwundet. Die Kompanien waren so geschmolzen, dass aus beiden Bataillons des Regiments ein Bataillon gebildet wurde, dessen Kommando der Major Larisch übernahm und bei dem ich das Kommando der 4ten Kompanie erhielt.

Am 9ten brachen wir von Süptitz auf, um gegen Düben zu marschieren, in dessen Nähe die 1ste Division heute bei dem Dorfe Pressel lagerte. Den folgenden Tag, 10ten, gingen wir über die Mulde und stellten uns am linken Ufer derselben bei Düben auf, blieben in dieser Stellung bis den andern Mittag, worauf wir wieder über die Mulde zurück nach Schmiedeberg marschierten und den 12ten von da nach Dommitzsch.

Hier bei Dommitzsch blieben wir bis zum 21ten September stehen. Der Aufruf der Alliierten an die Sachsen verbreitete sich hier unter uns und der Wunsch, sich ihnen anzuschließen wurde hie und da laut. Unsere Stimmung war überhaupt seit den Schlachten von Beeren und Dennewitz eine sehr gedrückte. Die Verheerungen, welche der Krieg in unser Vaterland brachte, die Entbehrungen, denen wir fortwährend unterworfen waren, die erlittenen Niederlagen, Alles trug dazu bei, eine düstere Stimmung in uns hervorzurufen, die auf uns Allen lastete und eine Unlust für die Sache, für die wir kämpften, in uns zu erzeugen, welche uns die Beschwerden, die wir zu ertragen hatten, nur noch fühlbarer machten.

Seit unserm Ausmarsch von Torgau im Mai hatte ich alle Märsche zu Fuß gemacht und zuweilen nicht ohne große Anstrengung, so dass eine Gelegenheit, die sich mir hier bot, mich beritten zu machen, von mir gern ergriffen wurde. Kaiser hatte auf der Auktion der Pferde des bei Beeren gefangenen Oberst Thümmel einen großen Fuchs erstanden, von brillanter Figur, aber wegen Gallen sehr oft lahm, diesen bot er mir an und für wenig Louis d'or setzte ich mich in Besitz desselben, froh, dass ich nun nicht mehr nötig hatte, zu Fuß zu gehen. Unser Lager war so glücklich gelegenen, dass es ganz nahe an einer Vorstadt von Dommitzsch stand und da unmittelbar hinter meiner Kompanie sich ein Haus befand, so quartierte ich mich in denselben ein, wo ich denn während unseres Aufenthaltes hier den großen Vorteil genoß unter Dach und Fach mich zu befinden, was seit Luckau nicht wieder der Fall gewesen war.

Die Armee des Kronprinz von Schweden hatte bei Dessau die Elbe überschritten, daher wir am 21ten September von Dommitzsch aufbrachen und über Schmiedeberg gegen Kemberg zu bis Reinhardts vorrückten. An diesem Tage erreichte uns der Befehl zu einer anderweiten Formierung, wonach wir nur eine Division unter dem General Zeschau, der schon am 8ten bei Torgau bei uns eingetroffen war, bildeten. Die beiden Brigaden wurden von Oberst Brause und General Ryssel befehligt. General Lecoq verließ das Korps und eben so auch mein Stiefvater

Bose, der zum Generaladjutant des Königs ernannt worden war. Ich nahm heute von ihm Abschied, wobei er mir die ihm nun unnötigen Feldgeräte, wie Teekessel und dergleichen, neben schätzenswerten Vorräten an Kaffee, Tee und anderen Lebensmitteln, übergab mit dem guten Rat, dass, wenn ich je verwundet würde, ich mit einer etwa nötigen Amputation nicht zögern sollte. Ich weis nicht, wie ich mich dieses Rats noch jetzt erinnere, während vieles andere aus jener Zeit meinem Gedächtnis entschwunden ist, wahrscheinlich aber machte er Eindruck auf mich und daher ist mir die Erinnerung geblieben.

Am 22ten wurde der Marsch gegen Kemberg fortgesetzt. Der Biwak der Brigade war bei Lotta seitwärts von Kemberg. Am Morgen des 23ten wurden wir durch die Nachricht überrascht, dass in der Nacht zuvor das Bataillon König unter dem Major von Bünau, welches auf Vorposten gegen Oranienbaum zu gestanden hatte, zu den Schweden übergegangen sei. Die Missbilligung, ja die Entrüstung über diesen Schritt war allgemein, denn wenn auch die Abneigung gegen die Franzosen und die Sympathie für die Alliierten täglich sich mehrten, so war ein solches vereinzeltes Unternehmen, dass dem Geist der Einigkeit in der Armee entgegen war, doch durchaus verwerflich. Wahrscheinlich in Folge dieses Übergangs wurde die Stellung des Korps, das heute in der Nähe von Kemberg verweilte, verändert, so dass unsere Brigade bei Lubast, an der Straße von Kemberg nach Düben, zu stehen kam.

In der Nacht des 24ten, die wir in der Stellung von Lubast zugebracht hatten, wurde Wittenberg heftig durch das Belagerungskorps des General Thümen beschossen. Von einer Höhe in der Nähe unseres Biwaks konnten wir die

Flugbahnen der geworfenen Bomben und Raketen sehen so wie die aufgehenden Feuer in der Festung, was mit dem Blitzen der Geschütze und dem Donner derselben, ein erhaben schönes aber trauriges Schauspiel bot.

Die Preußen hatten bei Wartenburg eine Brücke geschlagen, was den Marschall Ney bewog, das 7te Korps schleunigst dorthin zu beordern, wo das 4te Korps bereits stand. Wir brachen daher den 25ten aus der Gegend Kemberg auf und marschierten in die von Pretzsch, wo wir bei Trebitz die Nacht zubrachten. Aber schon am 26ten gingen wir denselben Weg wieder zurück über Lubast und Rotta gegen Oranienburg, um das Vordringen der feindlichen Nordarmee, die bei Dessau über die Elbe gegangen war, zu verhindern. Die Division Guilleminot, die seit Auflösung des 12ten Korps bei Dommitzsch dem 7ten Korps zugeteilt worden war, vertrieb den Feind aus Oranienburg und Dessau, während unsere Division den 27ten und 28ten bei Goldewitz hinter Oranienburg stehen blieb.

Den 29ten rückten wir gleichfalls auf Dessau vor, von wo der Feind sich nach Roßlau über die Elbe zurückgezogen hatte und nur den Brückenkopf auf den diesseitigen Ufer besetzt hielt. Bis Pöllnitz ging unsere Brigade, v.Brause, mit dem Korps, hier aber trennte sie sich nebst dem Husarenregiment von demselben, um in dem Park des Luisiums sich dem Brückenkopf gegenüber aufzustellen.

Hier im Tiergarten des Herzogs von Dessau, wo es an Wildbret aller Art wimmelte, fand dieses denn auch den Weg in unsere Kochtöpfe und mancher seltener Damhirsch wurde von unseren Soldaten verspeist während der fünf Tage, die wir hier zubrachten. Ich benutzte die Ruhe, die uns gegönnt war, um Dessau zu sehen oder vielmehr um in der Stadt Genüsse zu suchen, die der Biwak uns nicht gewähren konnte. Indes bestanden diese nur in einer Flasche Wein, die ich in Gesellschaft mehrerer Kameraden in einem Weinhause trank, wo wir uns trotz unserer eben nicht erfreulichen Lage mit der, dem Krieger eigenen Sorglosigkeit über die nächste Zukunft, dem Frohsinn überließen.

Während unseres hiesigen Aufenthalts wurde in den Lagern unter Trommelschall die Akte verlesen, mittels welcher die mit dem Bataillon König übergegangenen Offiziere der Desertion zum Feind schuldig und für ehrlos erklärt wurden.

Am 3ten Oktober wurden wir von der Division Durutte auf unserem Posten abgelöst und zur Beobachtung der Elbe zwischen Dessau und Wittenberg nach Vockerode, auf dem Weg von Dessau nach Wörlitz, entsendet. Hier kam uns in der Nacht die Nachricht zu von der an diesem Tag gehabten Schlacht bei Wartenburg und der Niederlage des 4ten Korps zugleich mit dem Befehl, aufzubrechen und nach Oranienbaum zurückzugehen. Früh am 4ten kamen wir bei diesem Orte an, marschierten so dann auf Jeßnitz, wo wir nach Herstellung der über die Mulde führenden Brücke, diesen Fluss überschritten und setzten den Marsch auf Delitzsch fort. Unser Bataillon wurde der Reiterbrigade zugeteilt und besetzte bei Spröda, gegen Düben zu, die Vorposten. Den folgenden Tag veränderte das Korps seine Stellung bei Delitzsch, weshalb unser Bataillon hier nebst der Reiterbrigade nach Benndorf zur Deckung der Straße von Dessau rückte.

Das Korps ging den 6ten gegen Wurzen bis in die Gegend von Püchau zurück. Wir folgten demselben geneckt von Kosaken, mit denen es jedoch nur zu unbedeutenden Blänkeleien kam und erhielten unsern Posten bei dem

Dorfe Gotha gegen Eilenburg zu. In dieser Aufstellung blieben wir den 7ten und 8ten, am ersten Tag von Kosaken, die von Eilenburg her kamen, beunruhigt, während das Korps sich zwischen Püchau und Machern konzentrierte.

Der Kaiser kam am 8ten im Wurzen an, wo mehrere Truppen versammelt worden waren und den 9ten sollte der Angriff auf die bei Düben stehende Schlesische Armee unter Blücher erfolgen. Das Korps wurde nebst der Kavallerie der Garde auf dem rechten Muldeufer bei Eilenburg aufgestellt, wo es der Kaiser musterte, die Truppen haranguierte und eine Anzahl Ehrenlegionsritter[2] ernannte, unter denen auch ich mich befand, obgleich ich nicht bei der Revue gegenwärtig war. Unser Bataillon hatte den Auftrag erhalten, die Vorstadt von Eilenburg auf dem linken Muldeufer zu besetzen, wo wir denn auch bis zum Abmarsch des Korps stehen blieben, um dann nebst der Reiterbrigade diesem auf der Straße nach Düben zu folgen. Die Schlesische Armee hatte den Angriff nicht abgewartet sondern sich auf die Nordarmee zurückgezogen, weshalb die französische Armee in der Gegend von Düben stehen blieb. Das 7te Korps lagerte bei Priestäblich und unser Bataillon nebst der Reiterbrigade wurde bei Görschlitz aufgestellt zur Verbindung mit weiter rechts stehen französischen Truppen.

Die Absicht, das Schlesische Heer anzugreifen und zu schlagen, war nicht erreicht worden und nun sollte eine Diversion gegen die Elbe die feindlichen Heerführer für Berlin besorgt machen und auf das andere Elbufer locken. Das 7te Korps brach zu diesem Ende den 10ten früh

---

[2] NB: Das damals erhaltene Aviso hierüber wurde später, im Jahre 1817 an die französische Regierung eingesendet und dafür das von Louis XVIII unterschriebene Patent mir eingehändigt.

aus seiner Stellung auf und ging durch Düben gegen Gräfenhainichen bis Schköna, von da aber gegen Kemberg, wo wir des Nachts 11 Uhr anlangten. Das Bataillon hatte sich an diesem Tage der Brigade wieder angeschlossen und marschiert am 11ten mit derselben, wie mit dem ganzen Korps gegen Wittenberg. Hier blieben wir am linken Elbufer stehen, bis wir gegen Abend die Brücke passierten, durch Wittenberg durchgingen und nahe der feindlichen Parallelen, welche das Belagerungskorps verlasen hatte, einen Biwak bezogen. Dieser Biwak steht noch sehr lebhaft in meiner Erinnerung und war vielleicht der abscheulichste, den ich je erlebt hatte. Es hatte den ganzen Tag geregnet und regnete noch fort, daher der Boden gänzlich durchweicht war, so dass ohne Stroh zu haben es unmöglich blieb, sich in dem Sumpf niederzulegen. Bei stockfinsterer Nacht waren wir angekommen, kein Stroh, kein Holz war zu erlangen und hätte man es selbst gehabt, der Regen würde verhindert haben, ein Feuer anzuzünden. So musste man denn in der kalten Oktobernacht, durchnässt und im Kote bis über die Knöchel stehend, ausharren, hoffend, dass der anbrechende Morgen uns die Mittel zeigen würde, unseren Bedürfnissen abzuhelfen. Die einzige Erleichterung, die ich mir zu verschaffen suchte, war, dass ich zuweilen von einem Soldaten mir den Tornister lieh, um einige Augenblicke mich darauf niederzusetzen. Den andern Tag konnte ich mich nicht entbrechen meine alte Garnisonsstadt zu besuchen und die Verwüstungen zu sehen, die das Bombardement angerichtet hatte. Traurig war der Anblick, ganze Straßen lagen in Trümmern und der Eindruck, den ich mit zurücknahm, war trüb und düster.

Gegen Mittag setzten wir uns wieder in Bewegung, um den nach Coswig zurückweichenden Korps des Generals

Thümen zu folgen. Hinter dem Engpass von Griebau hatte derselbe sich aufgestellt, wurde hier durch französische Truppen angegriffen und zurückgedrängt. Wir brachen noch in der Nacht des 13ten von Klieken auf, gingen bis hinter das Defilee von Coswig zurück, wo die übrigen französischen Truppen erwartet wurden und setzten dann den 14ten den Marsch über Wittenberg, wo wir die Elbe wieder überschritten, bis Kemberg fort. Wir brachten die Nacht bei dem Dorf Rotta zu und gingen am 15ten bis Düben, wo wir am rechten Ufer der Mulde lagerten. Den 16ten passierten wir früh die Mulde, warteten bei Wellaune auf weitere Befehle und setzen nach Mittag 1 Uhr den Marsch auf Eilenburg fort. Von hier brachen wir des Nachts um 11 Uhr wieder auf, marschierten bis Taucha, wo wir den 17ten früh 4 Uhr anlangten und gingen von hier aus, nach einigen Stunden Ruhe, weiter auf Leipzig zu.

Während dieser Ruhe hatte ich einen Verlust, der für den Augenblick für mich sehr schmerzlich war. Erschöpft von den anstrengenden Märschen der letzten Zeit war alles in tiefsten Schlaf versunken und als die Trommel uns zum Aufbruch weckte, vermisste mein Diener mein Packpferd, mit dessen Zügel in der Hand er eingeschlafen war. An dem Pferd war allerdings nichts verloren, denn es war ein abgetrieben Tier, das von irgendeinem Armeefuhrwesen war stehen gelassen worden und das von meinem Diener, als zu den Zweck wozu wir es verwendeten noch brauchbar, mitgenommen worden war, aber der Verlust der Effekten, die es trug, war schmerzlich und vor allem unersetzlich die Lebensmittel, die mir verloren gingen.

Am gestrigen Tag hatten wir während des ganzen Marsches starkes Kanonenfeuer von Leipzig her gehört, heute war es still und ruhig, als wir uns der Stadt näherten.

Wir waren eben bei dem Gasthof der heitere Blick angekommen, als plötzlich einige Kanonenschüsse rasch aufeinander in der Richtung auf Schönfeld fielen und gleich darauf kam aus jener Gegend eine regellose Masse von Reiterei, Artillerie und Fuhrwerken in wilder Flucht auf uns zu gesprengt. Es war das Reiterkorps des Herzogs von Padua, das, von panischem Schreck ergriffen, vor einem unvorhergesehenen Angriff der Preußen gewichen war. Wir marschierten sogleich mit möglichster Schnelligkeit auf und rückten in Kolonnenlinie gegen Schönefeld vor, die Division Guilleminot zur Rechten, Durutte zur Linken unserer Division. Es erfolgte indes kein weiterer Angriff und wir blieben ruhig in dieser Stellung zwischen Schönefeld und Abt-Naundorf bis gegen Abend, wo wir nach Paunsdorf zwischen die Straßen von Kurzen und Eilenburg gezogen wurden, um hier zu übernachten.

Da wir so nah bei Leipzig waren und ich Bose im Gefolge des Königs daselbst wusste, so ging ich in die Stadt, um ihn aufzusuchen und hatte auch seine Wohnung bald ausfindig gemacht. Glücklicherweise fand ich ihn zu Hause und durch seine Vermittlung wurde mir vom Wirt ein Gericht Braten, das ich mit vielen Appetit verzehrte, aber Brot konnte er mir so wenig anbieten, als ich selbst welches hatte.

Auf meinen Biwak zurückgekehrt, meldete mir mein Diener freudig, dass er das verlorene Pferd bei einem Franzosen wiedergefunden und es diesem abgenommen habe. Von den Effekten, die es trug, fehlte nichts außer die Lebensmittel, von denen keine Spur mehr vorhanden war.

Am 18ten brachen wir mit Tagesanbruch aus unserm Biwak auf und rückten bis an den Heiteren Blick auf der

Straße nach Taucha zu, wo wir in Kolonne formiert, der Ankunft des Generals Reynier harrten. Wir sollten nach Torgau marschieren. Mit Schnelligkeit verbreitete sich diese Nachricht in unseren Reihen und erregte, durch die Aussicht der Trennung von den Franzosen und der Besetzung unserer vaterländischen Festung, allgemeine Freude, doch war diese nur kurz, denn als General Reynier von einer Rekognoszierung wieder bei uns eintraf, erhielten wir den Befehl, wieder nach Paunsdorf zu rücken, wahrscheinlich weil es schon unmöglich war, durch den sich immer enger ziehenden Kreis der Alliierten um das französische Heer, durchzukommen.

Mittlerweile war die Schlacht entbrannt und auf allen Seiten donnerten die Geschütze in immer steigender Weise. Als wir bei Paunsdorf ankamen, kam uns der flüchtige Tross des Macdonaldschen Korps von Wurzen her entgegen, in einer gleichen Weise wie gestern am Heiteren Blick die Reiterei des Herzogs von Padua. Kaum hatten wir unsere Aufstellung hinter Paunsdorf zu beiden Seiten der Wurzner Straße erreicht, als auch die feindlichen Kugeln uns begrüßten, denen zu antworten unsere Artillerie nicht säumte. Nach längerer Kanonade wurden die beiden sächsischen Brigaden, weil der ganze linke Flügel der französischen Armee mehr zurückgenommen wurde, zwischen Sellerhausen und Stünz aufgestellt, unsere Brigade in Reserve hinter der 2ten Brigade. Die Kanonade wurde fortgesetzt und in Paunsdorf begann lebhaftes Flintenfeuer. Längere Zeit harrten wir in dieser Stellung aus, bis endlich Paunsdorf aufgegeben und die 2te Brigade zurückgezogen wurde. Unsere Brigade marschierte nun in Linie vor Sellerhausen auf mit dem linken Flügel gegen die Wurzner Straße, während die Brigade

Ryssel mehr rückwärts auf der anderen Seite der Straße in Kolonne aufgeteilt wurde.

Es mochte ohngefähr Nachmittags 3 Uhr sein, als wir hier erfuhren, dass die Reiterbrigade nebst dem 2ten leichten Bataillon zu dem Heere des Kronprinzen von Schweden übergetreten sei und dass auch unsere Kommandeure sich über einen gleichen Schritt verabredet hätten. Zu gleicher Zeit wurde uns durch den Brigade-Adjutanten auch angedeutet, dass wir unsere Pferde und Diener herbeiziehen möchten, indem der Übergang nahe bevorstünde. Wir Offiziere des Bataillons waren zusammengetreten und besprachen uns über das beabsichtigte Vorhaben. Die Meinungen waren nicht ganz übereinstimmend, denn während ein Teil in dem Übertritt zum alliierten Heer das Heil des Vaterlandes erblickte, leugnete ein anderer Teil und besonders Goldacker dies zwar nicht behauptete aber, dass wenigstens jetzt, während der Schlacht, der Zeitpunkt nicht wäre die Reihen der französischen Armee zu verlassen. Noch waren wir in diesem Gespräch begriffen, als wir die in Reserve gestandene Artillerie herankommen sahen, welche sich den, links vor uns auf einer Höhe im Feuer stehenden beiden Batterien anschloß und mit diesen vorwärts abfuhr. Gleichzeitig erschien auf dem linken Flügel unserer Linie die Brigade Ryssel, in Kolonne der Artillerie folgend. Da kam General Zeschau herangesprengt, rief der Kolonne Halt! zu und stellte sich mit dem Pferde quer davor, dieselbe hindernd ihren Marsch fortzusetzen. Jetzt entstand zwischen ihm und General Ryssel ein lebhafter Wortwechsel in Folge dessen, letzterer seinen Pferd die Sporen gab, nebst seinen Adjutanten auf die von der Artillerie verlassene Höhe sprengte, welche bereits von Kosaken besetzt war und hier, umgeben von diesen, mit dem Tuche uns zum nachkommen winkte. Zu gleicher Zeit war uns gegenüber eine Raketenbatterie aufgefahren, welche sofort begann, uns mit Raketen zu beschießen, von denen eine in das zwischen unserm Bataillon und der Kolonne der 2ten Brigade stehende Bataillon einschlug und hier Verwirrung anrichtete. Oberst Brause kommandierte an die Brigade den Vormarsch, die Bataillone setzten sich in Bewegung, General Zeschau rief Halt!, die Offiziere riefen Halt!, aber von der allgemeinen Bewegung mit fortgerissen, vermochten sie dieser nicht mehr Einhalt zu gebieten, die im Gegenteil immer rascher wurde und so erreichten wir im Laufe die Höhe von Stünz, wo wir, von Kosaken umringt, von diesen mit Jubel aufgenommen wurden. Nur ein oder zwei Bataillone der Brigade Ryssel waren verhindert worden, den übrigen Truppen zu folgen, welche ohne Aufenthalt, Kolonnen bildend, den Marsch fortsetzten, begleitet von den Kugeln der französischen Geschütze, aus deren Bereich wir indes bald entfernt waren. Unser Marsch ging auf Engelsdorf, wo wir plötzlich aus der Schlacht in Frieden gesetzt Zeit fanden, über den getanen Schritt nachzudenken. Allgemein glaubten wir, für König und Vaterland gewirkt zu haben und keiner von uns ahnte, dass wir noch einst diesen Schritt bereuen würden, der dem Vaterland wenig Nutzen, uns aber vielfache Vorwürfe zugezogen hat.

Da die Entscheidung von Fürst Schwarzenberg erfolgt war, dass wir dem österreichischen Hauptquartier nach Zeitz folgen sollten, so brachen wir den 19ten Oktober des Nachmittags von Engelsdorf auf und marschierten bis Connewitz, wo wir übernachteten. Den 20ten konnten wir der vielen Truppen wegen erst spät unseren Marsch fortsetzen, wendeten uns von der mit österreichischen Truppen überfüllten Straße von Pegau auf den Weg nach Borna und übernachteten in Städteln und Deuben, von wo unser Marsch am 21ten über Hohndorf und Langendorf bis in die Gegend von Zeitz ging, wo wir in Kantonnements verlegt wurden. Der Kaiser von Österreich war an diesem Tage in Zeitz eingetroffen.

Während unseres hiesigen Aufenthalts ging ich einmal nach Zeitz, um meine dortigen Verwandten zu besuchen, die ich seit 1807 nicht wieder gesehen hatte, von denen ich freundlich aufgenommen wurde.

Von den Alliierten war vorläufig über unser Vaterland bestimmt und unter Fürst Repnin ein Gouvernement eingesetzt worden, welches über uns verfügte, dass wir Leipzig gegen Torgau decken sollten. Am 26ten Oktober brachen wir daher wieder aus der Gegend von Zeitz auf, marschierten über Pegau und Zwenkau nach der Mulde, wo wir zwischen Wurzen und Eilenburg hinter dem Fluss Kantonnements bezogen. Doch nur bis zum 30ten blieben wir hier, wo uns die weitere Bestimmung wurde, das Blokadekorps von Torgau unter General Tauenzien zu verstärken. Wir vereinigten uns deshalb den 30ten bei Audenhain und wurden bis zur Ankunft des General Tauenzien zwischen den Straßen von Schildau und Eilenburg, von Staupitz bis Mokrehna verlegt.

Nachdem General Tauenzien mit seinen Truppen angekommen war, wurde Torgau am 2ten November enger eingeschlossen. Auf dem Marsch hierzu wurde bei Bennewitz Halt gemacht, um gegen die Festung rekognoszieren zu lassen, wobei von den dazu ausgesendeten Abteilungen nach kurzem Gefecht eine Anzahl von Wagen, welche Palisaden im Holze hatten laden wollen, genommen und mehrere Gefangene gemacht wurden.

Das bei Oranienbaum übergegangene Bataillon König traf heute wieder bei uns ein. Die Offiziere waren fast sämtlich befördert worden und ihr Empfang war von unserer Seite ein ziemlich kalter, wie ihre Haltung auch eine gewisse Scheu zeigte, ein Verhältnis, dass sich auch in der späteren Zeit nicht wieder ausglich.

Am 3ten November wurden wir in unseren Quartieren alarmiert, indem ein Teil der Garnison einen Ausfall machte. Es entstand ein ziemlich lebhaftes Gefecht, was bis in die Nachmittagsstunden sich hinzog, worauf der Feind wieder in die Festung zurück ging ohne seinen Zweck, Palisaden aus dem Walde zu holen, vollständig erreicht zu haben.

Den 5ten erneuerte der Feind seinen Versuch und diesmal kräftiger als am 3ten. Das Gefecht wurde allgemeiner und lebhafter als an jenem Tage und es kostete uns Anstrengung, den Feind, welcher die vorwärts stehenden Truppen schon zum Weichen gebracht hatte, zum Rückzug in die Festung zu nötigen. Unser Bataillon wurde hierbei schleunigst zur Unterstützung eines Bajonettangriffs, welchen das Grenadier-Bataillon ausführte, vorgesendet, ohne dass wir indes Gelegenheit fanden, selbst tätig dabei mitzuwirken.

Um diesen Ausfällen für die Folge zu begegnen wurden einige Posten näher der Festung stärker besetzt, wobei unser Bataillon in das, fast im Schussbereich der Festung gelegene Dorf Loswig verlegt wurde. Doch verhielt die Besatzung der Festung sich von nun an ruhig, so dass wir, außer der unausgesetzten Wachsamkeit, zu keiner weiteren Tätigkeit mehr Gelegenheit fanden. Nur einmal wollte man den Versuch machen, eine Schleuse zur Ableitung des Wassers aus dem großen Teiche zu ziehen, welche jedoch dicht bei der äußeren Verschanzung lag. Ein Kommando von unserem Bataillon wurde dazu genommen und der Führung des Ingenieur-Leutnants Horrer übergeben. In aller Stille des Nachts ging das Kommando vor, während wir unter Waffen des Ausgang harrten. Aber wie voraus zu sehen war, mißlang das Unternehmen, ein lebhaftes Flinten- und Kartätschenfeuer empfing das Kommando, welches denn auch schnell und unverrichteter Dinge zurückkehrte. Unvergesslich ist mit hierbei der Empfang, welcher dem Leutnant Horrer vom General Ryssel wurde, der ihn mit allem Rechte hart anließ, ein solches Unternehmen begonnen zu haben, dessen Mißlingen augenscheinlich war und nur dazu dienen konnte, die Truppen zu kompromittieren.

Die sächsischen Truppen, die sich nun nach und nach, bis auf die leichte Reiterbrigade, bei Torgau versammelt hatten, waren schon früher unter die Befehle des Generals Thielmann gestellt worden und es wurde nur die Ankunft der preußischen, zur Belagerung bestimmten, Truppen erwartet, um uns von Torgau wegnehmen und neu organisieren zu können. Am 14ten November trafen diese Truppen ein, lösten uns ab und wir zogen nun über Eilenburg und Schkeuditz auf das linke Saaleufer bei Merseburg, wo wir in weitläufige Kantonnements verlegt längere Zeit stehen blieben, um für den ferneren Feldzug formiert zu werden.

In welchem Orte ich hier stand, entsinne ich mich nicht mehr, nur so viel weis ich, dass ich in Merseburg meine Tante Karoline, die an den ehemaligen Artillerie-Leutnant Bose verheiratet war, besuchte und dass ich ebenfalls auch einen Besuch in Oberfrankleben bei dem Kammerherrn Bose machte, also wahrscheinlich in dieser Gegend stand. Die bald eintretende neue Formierung brachte mich wieder zu den Grenadieren, mit denen den nächsten Feldzug zu machen mir bestimmt war.

Feldzug 1814

In Folge der neuen Formierung, welcher die Sächsische Armee im November des Jahres 1813 unter den Repninschen Gouvernement unterworfen ward, kam ich zu dem 3ten Grenadier-Bataillon, welches mit dem Garde-Bataillon und dem zu einem Grenadier-Bataillon erhobenen ehemaligen Bataillon König ein Regiment bildete. Mir wurde das Kommando der 4ten Kompanie übertragen, welche aus den noch übrig gebliebenen Rest des ehemaligen Grenadier-Bataillons Liebenau bestand. Tüchtige Leute, die nach zwei überstandenen Feldzügen allen Anforderungen entsprachen, die man an eine kriegsgeübte Truppe machen konnte. Oberstleutnant Anger befehligte das Bataillon, das in der Umgebung von Lauchstädt kantonierte. Die 4te Kompanie lag in Lauchstädt selbst. Die außer mir dabei angestellten Offiziere waren Leutnant von Schlieben vom Regiment Rechten und Leutnant Vollborn vom Regiment Steindel. Als Offizierssubjekt, wie man jetzt sagen würde als Portepeejunker, war v.Friesen, jetziger Majoratsherr von Rötha, derselben zugeteilt.

Zu dieser Zeit, doch weis ich nicht mehr bestimmt ob vor oder nach vollendeter Formierung, fand eine große Revue des ganzen Korps vor dem General Thielmann statt, nach deren Beendigung er einen Tagesbefehl erließ, worin er in ungeeigneten Worten das Adjustement der Offiziere tadelte und ihre Haltung überhaupt mit der französischer Employes verglich. Nun war zwar nicht zu leugnen, dass der Anzug von einem großen Teil von uns nicht in den glänzendsten Zustand sich befand, was nach zwei

Feldzügen eben keine besondere Verwunderung erregen konnte, die Art und Weise aber, wie dies von Thielmann gerügt wurde, rief unter uns allen eine wahre Indignation hervor. Thielmann handelte hierbei nicht klug, denn während er bis jetzt die Neigung und das Vertrauen der Truppen in hohen Grade besaß, entfremdete er sich dieselben, indem er nur zu sehr zeigte, dass er es nicht vergessen hatte, dass die sächsischen Truppen in Torgau sich seinen Plänen nicht gefügt hatten. Hätte er sich unser Vertrauen zu erhalten gewusst, wer weis, ob bei den späteren Ereignissen, die durch die Verfügungen des Wiener Kongresses über Sachsen herbeigeführt wurden, sich manches nicht anders gestaltet hätte, mindestens hätte er bei jenen Anlässen mit mehr Einfluss auf die Truppen wirken können.

Ohngefähr in der ersten Hälfte des Dezembers brachen wir aus diesen Kantonnements auf und gingen über Schafstedt und Querfurth in die Gegend von Eisleben, wo wir einige Tage stehen blieben. Wenigstens entsinne ich mich, dass Kaufberg, Einsiedel (der jetzige Besitzer der Burg Gnandstein), mein Vetter Gustav Mandelsloh, die bei der 2ten Kompanie des Bataillons standen, ich und Schlieben, uns hier in den Quartier von Kaufberg und Einsiedeln ein sehr heiteres Fest bereiteten, wozu Schlieben alles dazu Nötige aus Eisleben oder Halle herbeischaffte. Von hier marschierten wir über Mansfeld, wo ich mich erinnere im Quartier gelegen zu haben, auf Leimbach und Harkerode gegen Ermsleben, kehrten jedoch hier wieder um, gingen auf denselben Wege über Mansfeld zurück und weiter über Sangerhausen und Wallhausen nach Tilleda am Kyffhäuser. In dieser Gegend sollten wir längere Zeit verweilen, daher ich, meiner Heimat so nahe, die Gelegenheit benutzte, mir Urlaub nahm und nach Langensalza ritt, um meinen Vater zu besuchen. Nur ohngefähr 2 oder 3 Tage konnte ich dort verweilen, worauf ich wieder zu meiner Kompanie zurückkehrte, die ich in Kelbra fand.

Hier feierten wir den Antritt des Jahres 1814 und traten am 3ten Januar den weiteren Marsch zu unserer Bestimmung nach den Niederlanden an, wo wir, mit noch andern Truppen vereint, unter dem Herzog von Weimar das 3te deutsche Armeekorps bilden sollten. Der erste Marschtag führte mich nach Etzleben bei Sachsenburg in das Quartier, der zweite, 4ter Januar, durch Sondershausen nach Rüxleben, von wo der weitere Marsch mich den 5ten Januar nach Gerterode, den 6ten über Heiligenstadt nach Thalwenden und den 7ten durch Witzenhausen nach Hundelshausen führte. Hier wurde den 8ten gerastet und den 9ten bis in die Nähe von Kassel marschiert. So nahe bei einer Residenzstadt, die ich noch nicht gesehen hatte, benutzte ich die Gelegenheit mir solche zu betrachten, brachte den Rest des Tages daselbst zu und kehrte erst spät in der Nacht in mein Dorf zurück.

Den 10ten durch Kassel ins Quartier nach Burghasungen, den 11ten durch Arolsen nach Giershagen, den 12ten durch Stadt Bergen nach Barkhausen, den 13ten durch Büren und Erwitte nach Bettinghausen zwischen Lippstadt und Soest. Bis zum 19ten blieben wir in diesen Quartieren stehen, wo ich bei einem wohlhabenden westfälischen Bauern mich recht wohl befand. Außer einem Ausflug nach Soest, um mir die Stadt zu besehen, von der ich indes mir nur wenig erinnere, und einer Revue des Bataillons vor dem General Ryssel, entsinne ich mich nichts mehr aus jener Periode.

Den 19ten wurde der Marsch fortgesetzt und zwar über Beckum nach Enniger. Den 20ten hatten wir Nachtquartier in Münster, aber leider kamen wir in dieser Stadt zu spät an und verließen sie den andern Tag so früh, dass keine Zeit blieb sich umzusehen, daher denn auch mir nur eine sehr dunkle Erinnerung an Münster geblieben ist. In Borghorst, wo wir den 21ten anlangten, hatten wir den 23ten Rasttag, den wir freilich lieber in Münster abgehalten hätten, kamen den 23ten durch Steinfurt und Metelen nach Gronau und überschritten am 24ten Januar die holländische Grenze.

Die erste Stadt, die wir auf holländischem Gebiet passierten, war Enschede. Die ganze Physiognomie dieses Städtchens mit seinen roten Ziegelhäusern und den großen glänzendsten Spiegelscheiben zeigte uns, dass wir ein fremdes Land betreten hatten und noch mehr wurden wir in unserm Quartier zu Eibergen an den Beekelfluss zu dieser Bemerkung veranlasst. Die Einrichtung der Häuser mit den großen als Zimmer dienenden Küchen und den steinernen Fußböden, die blank gescheuerten Küchengeräte auf den Simsen der Wände, die skrupellose Reinlichkeit an Fußboden und Wänden, die Gerichte, die man uns vorsetzte, Alles, abgesehen von der fremden Sprache, erinnerte uns daran, dass wir Deutschlands Grenze hinter uns gelassen hatten. Doch weder jetzt, noch auch in der Folge, konnte ich mit Land und Gebräuchen mich befreunden, niemals hat es im eigentlichen Holland mir wohl gefallen und am wenigsten zu dieser Zeit, wo das Land in seinem Winterkleid des einzigen Reizes entbehrt den es darbietet, des frischen Grüns an seinen stillen Wassern.

Den 25ten und 26ten blieben wir in Eibergen, kamen am 27ten nach Diepenheim, den 28ten über Holten nach Landerte bei Raalte und am 29ten nach Zwolle. Um die oranisch gesinnte Bevölkerung uns geneigt zu machen mussten wir hier, wenigstens die Offiziere, ein orangefarbenes Band in das Knopfloch knöpfen, eine Maßregel, die uns ziemlich lächerlich vorkam und wohl auch ihren Zweck kaum erreichte, denn im Allgemeinen war die Aufnahme, die wir in Holland fanden, nicht die zuvorkommendste. Diese orangefarbenen Bänder verschwanden später bei Manchen erst lange nachdem wir Holland verlassen hatten, der in seiner Einbildung sich mit einem Orden geschmückt glaubte, zur großen Belustigung von uns Übrigen.

Am 30ten führte uns unser Weg auf den hohen Dämmen längs des Yssel, von denen ein heftiger Wind uns herab wehen zu wollen schien, mit dem wir zu kämpfen hatten, über Kampen, wo wir den Fluss passierten, nach Oldenbreck in das Nachtquartier. Den folgenden Tag ging unser Marsch längs dem Strande der Zuidersee durch Harderwijk nach Putten. Zum ersten Mal sah ich heute, wenn auch nicht das Meer, doch eine so große unübersehbare Wasserfläche wie der Zuidersee darbot, dass ich mir eine Idee von dem Anblick des Meeres glaubte bilden zu können, aber spätere Erfahrungen haben mich belehrt, dass der Eindruck von damals keineswegs an die Großartigkeit eines Anblicks des Meeres heranreichte.

Der 1ste Februar führte uns durch Nijkerk und Amersfoort nach Zeist, einer Herrnhuter Kolonie ohnfern von Utrecht. Holländische Reinlichkeit gepaart mit deutscher Gemütlichkeit empfing uns hier in den nett gebauten Örtchen, wo ich in einem vorzüglich guten Quartier mich außerordentlich wohl befand und sehr beklagte, dass den folgenden Tag unser Marsch weiter ging. Wir kamen auf diesen Marsch durch Utrecht, passierten den Lek und hatten Nachtquartier in Buuren. Am 3ten überschritten wir die Waal bei Bommel und kamen nach Breckel bei Wondzichem an der Waal ins Quartier. Der Marsch wurde am 4ten fortgesetzt über die Maas nach Duhsen, den 5ten nach Reyn, den 6ten nach Dongen, das wir schon Tags zuvor passiert hatten und wo wir am 7ten rasteten. Den 8ten marschierten wir ohnweit Breda vorbei nach Medern den 9ten durch Hoogstraten nach Herentals, einem kleinen Städtchen, wo wir bis zum 12ten stehen blieben. Die Nähe von Antwerpen machte militärische Maßregeln notwendig zur Sicherung unseres Marsches und wir glaubten, dass wir zur Blockade der Festung bestimmt wären, wozu auch in der Taten diesen Tagen die Kavallerie und leichte Infanterie verwendet wurden, indes setzten wir am 12ten unsern Marsch fort, übernachteten an diesem Tage in Mecheln und rückten am 13ten in Brüssel ein.

Kaum in Brüssel angekommen, wo ich mein Quartier im niedern Teil der Stadt in der Nähe des Kanals erhielt, verließ ich dasselbe wieder, um mich in der Stadt umzusehen, besah mir im Vorübergehen die umständigen alten Gebäude in der Nähe des berühmten Stadthauses, stieg nach dem Plan royale und dem Park hinauf und blieb schließlich hier im Café royal, wo ich zahlreiche Gesellschaft von Offizieren antraf. Erst spät in der Nacht dachte ich daran, nach Hause zu gehen und auf die Straße gelangt gewahrte ich bald, dass ich den Weg dahin nicht zu finden wusste. Unglücklicherweise wusste ich den Namen der Straße, wo ich wohnte, so wenig als den meines Wirts, dass ich bei den einzelnen Menschen die mir in den stillen Straßen begegneten mich hätte nach dem Weg erkundigen können und so irrte ich denn lange von Straße zu Straße in der weitläufigen Stadt umher, bis endlich ein glücklicher Zufall mich an die Wache führte. Hier fand ich eine Ordonnanz von meiner Kompanie und gelangte dann von ihr geführt nun endlich in meine Wohnung, wo ich ziemlich ermüdet von meinem nächtlichen Irrgange lange nach Mitternacht ankam. Bis zum 18ten Februar dauerte uns Aufenthalt hier in Brüssel, den wir so gut wie möglich benutzten uns auf alle Weise zu vergnügen, wozu die große Stadt uns hinlänglich Gelegenheit bot. Besonders wurde das Café royale viel frequentiert, wo fortwährend hohes Spiel war. Auch ich vertraute mein Glück den Würfeln, aber diese waren mir nicht günstig und ich verlor hier etliche Louis d'or, für die ich mehr Vergnügen mir hätte verschaffen können.

Unser Aufenthalt in Brüssel währte bis zum 18ten Februar, an welchem Tage unser Bataillon über Halle nach Braine le Comte marschierte. Den 19ten erhielten wir unser Nachtquartier in Lens zwischen Mons und Ath und gingen am 20ten über Ath nach Leuze. In diesem Städtchen, wo es uns ganz wohl ging, blieben wir bis zu Ende des Monats und verließen den Ort nur einmal auf kurze Zeit zu einer Unternehmung gegen die nahe gelegene Festung Condé.

Einige Truppen unter General Lecoq, wobei auch unser Bataillon, waren bestimmt um, wenn es nützlich wäre, die kleine Festung Condé durch einen Handstreich zu nehmen, ein Unternehmen, dessen Erfolglosigkeit man wohl voraussehen konnte. Am 24ten Abend wurde unser Bataillon gegen Abend nach Basécles verlegt, einem Dorf hinter dem Canal d'Antoing, ohngefähr 2 Stunden von Condé entfernt. Hier brachen wir in aller Frühe und Stille den 25ten auf, gingen über den Kanal und warteten bei Peruwelz hinter dem Walde den Anbruch des Tages ab. Andere Truppen gingen auf anderen Wegen vor, unser

Bataillon auf der Straße von Leuze durch den Wald, der sich bis in den Bereich der Festung hinzieht. Unser Erscheinen jenseits des Waldes zog sofort das Feuer von den Wällen der Festung auf uns, aber es blieb nicht hierbei, sondern die Franzosen kamen mit leichten Geschützen aus der Festung uns entgegen und nötigten uns bald, nachdem wir einige Tote auf dem Platz gelassen hatten, den Rückzug anzutreten, auf dem sie nicht unterließen uns recht lebhaft zu verfolgen. Schneller als wir gekommen waren, kehrten wir auf denselben Wege über Peruwelz nach Basécles zurück, blieben daselbst die Nacht und trafen am 26ten wieder in Leuze ein.

Am 28ten Februar verließen wir Leuze, um bei Tournay auf dem linken Ufer der Schelde in dem Faubourg de Lille bis zum 5ten März Quartier zu beziehen.

General Maison stand mit einem französischen Korps in Flandern und machte uns für unsern Rücken und Flanke besorgt, da seine Truppen bis Courtray vorwärts gerückt sein sollten. Um hierüber Gewissheit zu erlangen, wurde eine Rekognoszirung unter dem Prinzen Paul von Württemberg, der in russischen Diensten stand und bei dem 3ten deutschen Armeekorps irgend ein Kommando hatte, gegen Courtray entsendet, wozu nebst andern Truppen auch die 3te und 4te Kompanie unseres Bataillons bestimmt wurde[3]. Wir vereinigten uns zu dem Ende am 5ten März in Sept Fontaines bei Tournay an der Straße nach Courtray und gingen den folgenden Tag längs der Schelde abwärts bis nach Espierre an der Straße nach Audenarde, wo wir übernachteten. Am 7ten verfolgten wir die Straße

---

[3] Dies geschah in Folge eines Auftrages an den Oberst v.Ziegler, welcher mit den beiden Kompanien, 2 Kanonen und 1 Schwadron preußischer Landwehr Zwevegem nehmen sollte, während der Herzog gegen Courtray vorging.

nach Audenarde bis Avelgem, von wo wir uns gegen Courtray wendeten. Ohnehin des Dorfes Zwevegem trafen unsere Eclaireurs auf den Feind und ich wurde befehligt, mit der Kompanie blänkelnd vorzugehen, um zu erfahren, ob der Feind mehrere Truppen hinter der Höhe von Zwevegem verborgen hätte. Kaum hatte ich, die feindlichen Blänker zurückdrängend, die gedachte Höhe erreicht und die Meldung zurückgesendet, dass eine starke Infanteriekolonne nebst Geschütz aus dem Dorf hervorbreche, als ich auch von einer so überlegenen dichten Blänkerlinie angegriffen wurde, dass ich augenblicklich den Rückzug antreten musste. Gleich bei dem Beginn desselben traf mich eine französische Kugel an die linke Schulter, dass ich mehrere Schritt vorwärts taumelte und nur mit Mühe mich vom Fallen erhielt. Das Gefecht wurde nun schnell lebhafter und allgemeiner und General Ziegler sah sich genötigt zurück zu weichen, so dass ich ziemlich weit gehen musste, bevor die Gelegenheit sich fand meine Wunde zu untersuchen. Wie es die kalte Witterung erheischte, war ich sehr warm angezogen, hatte eine dick wattierte Ärmelweste unter der Uniform und über dieser noch einen Überrock und einen Mantel. Durch alle diese Hüllen und selbst durch das Hemd war die Kugel gedrungen, aber wahrscheinlich entkräftet durch dieselben war sie im Fleisch stecken geblieben, ohne den Knochen verletzt zu haben. Die Kugel wurde entfernt, ein Verband angelegt und ich war wieder im Stande, mich zu meiner Kompanie zu begeben.

Durch nun herbei gekommene preußische Truppen, mit welchen vereint das Dorf erstürmt wurde, war das Gefecht indes zum Nachteil der Franzosen entschieden, die sich so dann nach Courtray zurückgezogen hatten. Ich fand unsere Truppen in Zwevegem, wo wir die Nacht auf dem blutig erstürmten Kirchhof biwakierten.

Am 8ten rückten wir in Courtry ein, das von den Franzosen verlassen worden war und wohin der Herzog nebst den übrigen Truppen kam, verließen es jedoch am 9ten wieder, an welchem Tage wir durch Tournay bis nach Havinnes marschierten und kamen den 10ten wieder in unser wohlgekanntes Städtchen Leuze.

Meine Wunde hatte keinen weiteren Nachteil herbeigeführt, als dass ich für jetzt den linken Arm nicht gebrauchen konnte und diesen in der Binde tragen musste. Ich konnte daher bei der Kompanie bleiben und durfte unter den Händen des Bataillonsarztes Schreiber der gänzlichen Heilung baldigst entgegen sehen.

Nachdem wir den 11ten und 12ten März in Leuze verblieben waren, marschierten wir den 13ten dort ab durch Ath und Lens nach Ghlin bei Mons und kamen am 14ten nach Mons.

Die Belagerung von Maubeuge war beschlossen worden und da unser Bataillon, wie der größte Teil der sächsischen Truppen, hierzu bestimmt war, verließen wir Mons am 16ten März und marschierten nach Solre sur Sambre auf dem rechten Ufer dieses Flusses einige Stunden unterhalb Maubeuge. Am 17ten rückten wir nach Erquelinnes, den 18ten nach Recquignies und den 19ten nach Cerfontaine, der Festung immer mehr uns nähernd und dieselbe einschließend. Den 20ten wurde eine Rekognoszierung nach Haumont, die Sambre aufwärts, unternommen, nach deren Beendigung wir wieder nach Cerfontaine rückten. An diesem Tag, wenn ich nicht irre, traf der Herzog von Weimar bei uns ein, welcher nebst den Chef seines Generalstabes beinahe den Franzosen in die Hände geraten wär, da beide im Wagen schlafend vom Postillion, dem keine andre Richtung angewiesen wurde, immer auf die Festung zu gefahren wurden, bis sie aufwachend sich dicht an den Wällen der Festung sahen und kaum noch Zeit fanden, schleunigst umzukehren.

Unter uns war viel die Rede von Anfertigung von Sturmleitern und Unternehmen eines Sturms auf Maubeuge, was in Erinnerung unseres unglücklichen Versuchs auf Condé eben nicht geeignet war, uns zur Fröhlichkeit zu stimmen, doch ließen wir uns diese Sagen nichts anhaben und brachten in unserm Quartier, wo wir sämtliche Offiziere des Bataillons im engen Raum zusammen lagen, den Abend recht heiter zu.

Am 20ten wurden die französischen Außenposten nach der Festung zurückgedrängt, was zu einem kurzen Gefecht Veranlassung gab, während das auf den Höhen von Roussin befindliche verschanzte Lager von uns besetzt wurde, wo die Kugeln aus der Festung uns nur wenig inkommodierten. Die Nacht und der nächste Tag wurden dazu angewendet Batterien zu erbauen, doch wurden wir durch einen Ausfall der Garnison am 22ten gestört, der von dem Geschütz der Wälle unterstützt, wohl den Zweck hatte, uns aus dem verschanzten Lager wieder zu vertreiben, was jedoch nicht gelang. In der folgenden Nacht wurde die Batterien armiert und am 23ten früh 3 Uhr begann das Feuer aus allen Batterien, worauf aus der Festung lebhaft geantwortet wurde.

Wahrscheinlich hatte man gehofft, die Festung durch ein Bombardement zur Übergabe zu bewegen und da dies nicht gelang, wurde gegen Abend das Feuer eingestellt und die Geschütze in der Nacht aus den Batterien zurückgezogen. Den 24ten gingen auch wir zurück, uns auf eine bloße Blockade der Festung beschränkend, bis auch diese am 30ten gänzlich aufgehoben wurde. Unser Bataillon war an 24ten nach Requignie zurückgegangen und besetzte so dann am 25ten Ferriere le petite, wo es bis zur Aufhebung der Blockade stehen blieb.

Am 30ten März brachen wir aus der Gegend von Maubeuge auf, gingen über die Sambre nach Rocroy und trafen am 1sten April in Mons ein, wo wir, mit wenig Unterbrechung, bis in die ersten Tage des Monat Mai blieben. Am 6ten April hat das Bataillon einen Gefangenentransport nach Soignier zu eskortieren, von wo es den 7ten zurückkehrte und den 19ten rückten wir auf 6 Tage in ein Kantonnement bei Roeulx, um, wie ich glaube, den durchmarschierenden Truppen Platz zu machen. Ich erhielt hierbei mein Quartier in Meignault. Am 25ten kehrten wir nach Mons zurück.

Während unseres Aufenthalts in Mons sah ich meinen Freund ô Byrn wieder, den ich seit 1809 nicht mehr gesehen hatte. Der Zufall hatte ihn neben mir in das Quartier geführt, wo als ich einmal zum Fenster hinaus sah, ich ihn zu meiner großen Überraschung unmittelbar neben mir erblickte. Er war als Hauptmann bei der Landwehr angestellt und auf Durchmarsch mit seinem Bataillon hier im Nachtquartier. Wir freuten uns beide sehr uns zu sehen und hatten uns viel mitzuteilen über unsere Erlebnisse in den letzten fünf Jahren.

In der ersten Zeit unseres Aufenthalts zu Mons wurden wir viel durch beunruhigende Nachrichten über die Stärke, Bewegungen und Fortschritte des Korps vom General Maison in Besorgnis gesetzt, so wie auch in diese Zeit die unglückliche Affaire bei Courtray fällt (31ter März), wo Thielmann eine Niederlage erlitt und unter Andern

Freund Goldacker in Gefangenschaft geriet. Die Einnahme von Paris und die Abdankung Napoleons setzten indes auch bald bei uns den Kriegsunternehmungen ein Ziel. Übrigens ging es uns in Mons ganz gut und ich entsinne mich meines recht guten Quartiers bei einem Seifenfabrikanten.

Am 5ten Mai verließen wir endlich Mons auf immer, gingen durch Soignier und Braine le Comte nach Hennieser und kamen den 6ten nach Bruxelle, wo wir vorläufig blieben. Diesen Aufenthalt benutzte ich nun mit Major Römer von der Garde, Einsiedel von unserm Bataillon und noch einem Vierten, dessen ich mich nicht mehr entsinne, einen Ausflug nach Antwerpen zu machen, das von den Engländern besetzt war. In Mecheln hielten wir uns kurze Zeit auf und hatten hier das für uns höchst interessante Schauspiel, ein Bataillon Bergschotten in ihren eigentümlichen Kostüm en grande tenue zu sehen. In Antwerpen trafen wir in den Gasthof, wo wir abstiegen, die Offiziere eines englischen Regiments, welche hier zu Mittag speisten und uns sogleich einluden, Teil an ihrem Diner zu nehmen, was von ihnen sehr artig, für uns aber etwas langweilig war, da keiner von ihnen deutsch und wir nicht englisch sprachen, so dass wir uns stumm einander gegenüber saßen. Wir besahen uns Stadt und Hafen, bestiegen den Turm und, was vor Allem mich interessierte, besuchten eine in der Schelde liegende französische Fregatte von 75 Kanonen und 700 Mann Besatzung, das erste Schiff das ich sah. Wir wurden von den Offizieren des Schiffs sehr freundlich aufgenommen und uns alles gezeigt, von der Kajüte des Kapitäns bis herab in den untersten Raum des Schiffs. Nachdem wir am folgenden Tag die Zitadelle uns angesehen und die Wachparade der Engländer auf dem Glacis derselben beigewohnt, die uns durch die Eigentümlichkeiten der dabei beobachteten Formen und die Schwerfälligkeit in den Bewegungen der Truppen in einiges Erstaunen setzte, kehrten wir wieder über Mecheln nach Brüssel zurück.

In der Zeit, wo wir in Brüssel waren, wurde eine Hauptmannstelle in unserm Bataillon, die ich weiß nicht mehr auf welche Veranlassung vakant worden war, besetzt. Ich war der älteste Premierleutnant im Bataillon und hoffte, dass mir diese Stelle zu Teil werden sollte, aber meine Hoffnung wurde getäuscht. Wurmb, von unserm vorherigen Regiment, jetzt im 2ten provisorischen Regiment, wurde dazu ernannt und da er im Regiment Steindel mein Vordermann gewesen war, so konnte ich eigentlich nichts dagegen einwenden, fühlte mich dann doch aber sehr gekränkt.

Gegen Mitte des Mai verließ unser Korps die Gegend von Brüssel, um mehr in der Nähe des Rheins in der Gegend von Köln Kantonnements zu beziehen, wobei unser Bataillon zur Besatzung von Jülich bestimmt ward. Am 12ten Mai marschierten wir zu dem Ende aus Brüssel ab bis Louvain, den 13ten nach Diest, den 14ten nach Steenboek bei Hasselt, den 15ten durch Tongern nach Fize le marechalle, rasteten hier den 16ten, gingen den 17ten bis Lüttich, den 18ten bis Wallhorn bei Eupen, den 19ten durch Aachen nach Weiden und langten am 20ten in Jülich an, wo wir die aus Preußen bestehende Besatzung ablösten.

Außer den etwas beschwerlichen Dienst, den wir versehen mussten, ging es uns hier im Allgemeinen recht wohl. Ich hatte hier ein ganz leidliches Quartier, wo ich bei der Familie des Wirts sehr gut aufgenommen wurde. Unter den Mitgliedern des Hauses war der Bruder des Wirts, ein ehemaliger Mönch aus einem aufgehobenen

Karthäuserkloster, der mir deshalb merkwürdig geblieben ist, weil er mir die Annehmlichkeiten des Klosterlebens immer rühmte und sich in die Stille und Zurückgezogenheit seines verlassenen Klosters zurücksehnte.

Eines Tages auf der Wache stehend, wurde mir ein sonderbarer Arrestant übergeben, nämlich eine Polin in der Uniform eines russischen Capitains und sogar mit dem Wladimir-Orden dekoriert. Sie hatte einen russischen General als seine Geliebte begleitet, war wegen Krankheit zurückgeblieben und jetzt, da sie ihren General hatte folgen wollen, war ihr Geschlecht in Brüssel entdeckt worden. Sie wurde nun von Etappe zu Etappe zurück transportiert und ich sollte sie denn bis zur Weiterreise am folgenden Tag bewachen. Sie war jung, von leidlichen Äußeren und lebhaft in ihrer Unterhaltung, die sie halb deutsch halb französisch führte. Die Nacht mit ihr in der Wachstube zuzubringen war doch zu verfänglich, daher ich ihr ein Quartier in der Stadt zu verschaffen suchte, was mir auch gelang und wo sie bis zum Weitertransport des andern Morgens blieb.

Einen vollen Monat blieben wir in Jülich, bis dem Korps andere Kantonnements bei Koblenz angewiesen wurden, wohin wir am 20ten Juni aufbrachen. An diesem Tag marschierten wir bis Düren, den 21ten ging unser Marsch seitwärts dem Rhein zu nach Brühl, den 22ten durch Meckenheim nach Fritzdorf. Hier rasteten wir am 23ten, setzten den Marsch am 24ten durch Sinzig nach Ober-Breisig am Rhein fort und ich langte den 25ten, nachdem wir Andernach passiert hatten, in meinem Kantonnement zu Kettig an.

Nur bis zum 1sten Juli blieb ich in diesen Kantonnement, da zu dieser Zeit das Korps in engere Quartiere verlegt wurde wegen einer zu erwartenden Revue vor dem Kaiser von Russland. Das Bataillon kam nach Koblenz. Am 6ten sollte der Kaiser eintreffen. Die Truppen wurden zu seinem Empfang längs der Chaussee von Koblenz nach Andernach zu aufgestellt, wo wir die ganze Nacht vergebens auf die Ankunft des Kaisers warteten, der erst am 7ten früh anlangte. Nachdem wir vor ihm in Koblenz defiliert hatten, rückten wir in unsere Kantonnements ab, deren uns andere als die verlassenen angewiesen waren. Ich kam mit der Kompanie nach Nieder-Lahnstein, am rechten Ufer des Rheins beim Einfluss der Lahn, wo ich bis zum 9ten August stehen blieb.

Seit einiger Zeit schon hatte man auf manchfache Weise auf uns einzuwirken gesucht, um uns für die Idee empfänglich zu machen, unser Vaterland an Preußen übergehen zu sehen. Besonders wurde die Presse hierzu benutzt und der in Koblenz erscheinende Beobachter am Rhein, von Görres redigiert, enthielt die maßlosesten Schmähungen gegen unsern König. Indes erreichte man seinen Zweck, uns für Preußen zu gewinnen, durchaus nicht, sondern es wurde vielmehr der sächsische Patriotismus nur um so mehr hervorgerufen und zum Kampf gegen die preußischen Bestrebungen aufgefordert. Wie der größte Teil von uns damals dachte, geht aus einer kleinen Broschüre hervor, die ich noch besitze, welche von Leutnant Klotz verfasst, unsere Meinung aussprach. Jede Gelegenheit wurde ergriffen, wo wir unsre Gesinnungen zum Ausdruck geben konnten und die Spannung zwischen Thielmann und seinen Anhängern und dem übrigen bei weiten größeren Teil des Offizierskorps begann immer mehr und mehr hervorzutreten. Der um diese Zeit fallende Namenstag des Königs, der 3te August, gab eine solche erwünschte Gelegenheit zur Kundgebung unserer

Anhänglichkeit an ihn, und während Thielmann in Koblenz durch ein offizielles Diner den Geburtstag des Königs von Preußen feierte, feierte eine große Anzahl Offiziere, General Lecoq an der Spitze, im Nassauischen Hof zu Ehrenbreitenstein den Namenstag des Königs von Sachsen ebenfalls durch ein Diner, bei dem es gegen das Ende ziemlich heiter zuging.

Der Aufenthalt in Lahnstein, das in einer reizenden Gegend liegt, war für mich ganz angenehm. Häufige Spaziergänge, bei denen Friesen, der seit Maubeuge Offizier bei der Kompanie geworden war, mein steter Begleiter war, wurden gemacht. So besuchten wir unter andern auch Braubach, eine oder zwei Stunden von uns aufwärts am Rhein gelegen und bestiegen die alte Burg Marksburg, die noch gegenwärtig als nassauische Festung bestand und eine kleine Garnison von Invaliden hatte.

Eines Besuches von Kaiser, der Adjutant bei den Prinz Bernhard von Weimar, unsern Regimentskommandanten war, entsinne ich mich in Lahnstein, wobei dieser mich für die Preußenpartei, der er angehörte wie sein Prinz, zu gewinnen suchte, ohne indes seinen Zweck zu erreichen.

Das sächsische Korps wurde im August zur Exekution in Kurhessen bestimmt, um in diesem Lande die Anordnungen der Alliierten, denen der Kurfürst sich nicht fügen wollte, zur Geltung zu bringen. Nachdem das Korps am 9ten August in der Nähe von Montabaur noch eine Revue vor dem General Kleist gehabt hatte, trat es den Marsch nach seiner Bestimmung an. Ich hatte an diesem Tag mein Nachtquartier in Hundsangen bei Hadamar. Den 10ten ging der Marsch in einem großen Umwege über Limburg nach Heckholzhausen, den 11ten durch Weilburg nach Volpershausen, wo den 12ten Rasttag gehalten wurde. Am 13ten ging der weitere Marsch durch Gießen nach Staufenberg und den 14ten in das Kantonnement bei Marburg, wo ich mein Quartier in Michelbach beim Pfarrer erhielt.

Um die Gesinnung der Armee in Bezug auf die Anhänglichkeit derselben an den König den Alliierten durch einen offiziellen Schritt zur Kenntnis zu bringen, wurden während des Kantonnements in Hessen von den Parteien Adressen eingereicht, worin wir diese Anhänglichkeit aussprachen und zugleich bemerkten, dass wir uns unseres Eides, den wir den König geleistet hatten, nicht für entbunden achteten. Diese Adressen, von uns sämtlichen Offizieren unterschrieben, wurden zur Weiterleitung an Thielmann gegeben und sehr ungünstig aufgenommen, ja uns sogar ein Verbrechen daraus gemacht, wie sich später erwies.

Mein Kantonnement lag in einer waldigen Gegend und ich entsinne mich, dass ich mich einmal recht ordentlich verirrt habe. Um ein Detachement der Kompanie zu besuchen, dass ohngfähr 3/4 Stunde von meinem Dorf entfernt war, war ich auf dem Wege, den ich schon mehrmals zurückgelegt hatte, fortgeritten, als ich zu bemerken glaubte, das ich den richtigen Weg verfehlt hätte. Ich spornte mein Pferd zur Eile an, um irgendwo das Ende des Waldes zu erreichen und mich orientieren zu können, aber der Wald wollte nicht enden und die Zeit, die ich nötig gehabt hätte das Detachement zu erreichen, war längst verstrichen. So ritt ich wohl länger als eine Stunde immer fort vorwärts bis sich endlich der Wald lichtete und ich zu meinen nicht geringen Erstaunen mich gerade an der Stelle aus dem Walde herauskommen sah, wo ich vor länger als einer Stunde ihn betreten hatte.

Marburg, das nicht sehr entfernt von meinem Kantonnement lag, wurde einigemale besucht, doch ist mir keine deutliche Erinnerung vor da geblieben.

Am 9ten September verließen wir diese Kantonnements im Hessischen, um nach dem Rhein zurückzukehren. Mich führte der Weg an diesem Tag durch Gießen nach Heuchelheim, den 10ten nach Kraft Solms und den 11ten nach Erbach. Hier verweilten wir den 12ten und 13ten, welche Zeit ich benutzte, das nahe liegende Selters zu besuchen und von den berühmten Wasser an der Quelle zu schöpfen. Den 14ten setzten wird den Marsch fort durch Limburg und Montabaur nach Dürrbach und langten den 15ten in Tal Ehrenbreitenstein an, wo wir vorläufig stehen blieben.

Der preußische General Müffling war im Auftrag des preußischen Gouvernements in Sachsen bei uns angelangt, um uns zu eröffnen, wie man die von uns eingerechten Adressen von Seiten des Gouvernements betrachtete. Von jedem Bataillon wurden die ältesten Offiziere jeder Charge am 10ten nach Koblenz zum General Müffling berufen, unter denen auch ich mich befand. Er erklärte uns, dass die Adressen in der jetzigen Form von den Alliierten nicht angenommen werden könnten, besonders weil darin von einem Eid der Treue gegen den König die Rede sei, der nicht bestehe. Wir hätten nur den Anordnungen der Alliierten Gehorsam zu leisten, die Kraft der Eroberung Herren des Landes seien und übrigens hätten wir uns ja selbst durch den Übergang bei Leipzig des Eides gegen den König Friedrich August entbunden. Seine Anrede blieb nicht ohne Gegenrede von mehreren unter uns und die Unterredung endete endlich damit, dass er uns sagte er wäre nicht gekommen, um mit uns zu streiten, sondern um uns den Willen des Gouvernements kund zu geben. Die Adressen wurden uns zurückgegeben und deren Annahme und Weiterbeförderung dann zugesagt, wenn die Stelle vom Eid der Treue gegen den König, daraus weggelassen würde. Wir mussten uns fügen, die Adressen wurden abgeändert und in der neuen Form später wieder eingereicht.

Bis zum 26ten September dauerte mein Aufenthalt in Tal Ehrenbreitenstein, zu welcher Zeit das Korps in Pollig vereinigt wurde, um vom General Kleist inspiziert zu werden, der, seitdem das russische Gouvernement in Sachsen dem preußischen gewichen war, den Oberbefehl über uns führte. Das Bataillon marschierte den 26ten über Koblenz nach Alanz, wo es in gedrängte Quartiere kam und hier am 27ten rastete. Am 28ten fand die Revue und die Übungen der Truppen vor dem General Kleist bei Pollig statt, der sich sehr lobend darüber aussprach und am 29ten verließen wir diese Gegend wieder, um neue Kantonnements bei Koblenz zu beziehen.

Ich kam in ein Dorf, Urmnitz, dicht am Rhein zwischen Koblenz und Andernach, wo ich bis den 10ten Oktober blieb. Das, fast gegenüber, am andern Ufer des Rheins liegende Neuwied wurde von hier aus oft besucht in Gesellschaft von andern Kameraden des Bataillons und besonders mit Einsiedel und Mandelsloh.

Am 10ten Oktober veränderte ich mein Quartier und legte mich mehr in die Mitte des Kantonnements der Kompanie nach Miesenheim, in der Nähe von Andernach. Ich hatte hier mein Quartier auf einem Eisenhammer, wo die Familie des Besitzers mich freundlich aufnahm, so dass ich mich die zwei Monate meines Aufenthalts hierselbst, bis zum 11ten Dezember, recht wohl befand. In dieser Zeit wurde unser Bataillon am 17ten Oktober nach Koblenz verlegt, um am 18ten an einer großen Parade Teil zu nehmen, die zur Feier der Schlacht bei Leipzig statt fand, nach welcher ich am 19ten wieder nach Miesenheim zurückkehrte.

Am 11ten Dezember veränderten wir unsere Kantonnements, das Bataillon kam nach Koblenz, blieb jedoch hier nur bis zum 24ten, wo wir die Stadt wieder verließen und ich in das, eine Stunde unterhalb Koblenz dicht am Rhein gelegene Dorf Neudorf zu liegen kam, wo ich denn die letzten Tage des Jahres zubrachte.

Tages zuvor, am 23ten Dezember, feierten wir den Geburtstag des Königs und zwar wieder in Tal Ehrenbreitenstein im Nassauer Hof. Eine Demonstration, die von Thielmann und den Preußenfreunden sehr über aufgenommen wurde und auch wohl zu der bald folgenden Entfernung des Generals Lecoq vom Korps beitragen mochte. Ich bewahre noch die Gesänge, die bei dieser Gelegenheit gesungen wurden und die Zeugnis geben von unserer damaligen Gesinnung.

Adresse des 3ten Grenadier-Bataillons aus dem Kantonnement bei Marburg August 1814

Es hat sich durch eine Deputation an den Prinz Maximilian nach Prag die treue Anhänglichkeit bewiesen, welche in dem sächsischen Volke für dessen König und des rechtmäßige Regentschaft unabänderlich fortlebt.

Tief gerührt hat die prinzliche Familie die Deputation und die Bittschrift aufgenommen, mit dem Versprechen, es dem Kaiser von Österreich zur Unterstützung vorzulegen. Aber zugleich hat der Prinz Max geäußert, dass ihm der Beweis für die Anhänglichkeit der Armee fehlte und dass er sich daher auf die Gesinnungen derselben nicht berufen könnte.

Gewiss wird es jeden sächsischen Krieger tief kränken, dass weder der König noch die königliche Familie von der Treue, welche das Heer so treulich bewahrt Kenntnis habe und es wird einen jeden innig schmerzen, wenn auch nur eine Ahnung vom Gegenteil stattfinden könnte, um so mehr, da das Heer durch den nicht gelösten Eid, mit noch innigeren und festeren Banden als die Nation selbst an den Regentenstamm gekettet ist.

Soll der biedere Charakter, der von jeher die Sachsen auszeichnete, durch ein Missverständnis dem Heere scheinbar verloren gehen? Soll der Verein erprobter Männer nach langen Stürmen seinem Regentengeschlecht, der Mit- und Nachwelt als ein bloßer Auswuchs des sächsischen Mannes erscheinen? - Es kommt daher darauf an, der Armee den guten redlichen Mann, ihr die Achtung der Welt zu erhalten, indem man eine Art ausmittelt, die königliche Familie mit den Gesinnungen der Treue und Anhänglichkeit bekannt zu machen, welche in so vollkommenen Grade die Seele der Armee ist. Nimmer kann das als Verbrechen erscheinen, was Gerechtigkeit und wahre Ehre gebietet.

Wir ersuchen zur Erreichung dieses edlen Zwecks unsere Vorgesetzten dringend für ihre kräftige Mitwirkung und als Bürge für die Echtheit unserer Gesinnungen unterzeichnen wir sämtlich unsere Namen. Eine Bittschrift an die hohen Alliierten sowie eine Bittschrift an unser Regentengeschlecht einzureichen, stimmt mit den Gesetzen überein und kann nie zum Verbrechen gereichen.

Kantonnierungsquartier Gemmershausen am 29ten August 1814

Alphabetisches Verzeichnis der im Text erwähnten sächsischen Offiziere

(Name, Vornamen /Dienstgrad mit Patent bei Erstnennung im Text / Einheit / Jahr der Erstnennung / Seiten mit Erwähnung)

Einsiedel, Curt Haubold v. / Sousltn. 05.05.1809 / Clemens Inf. / 1809 / I 79, 93

Einsiedel, Julius Innozenz v. / Sousltn. 30.06.1809 / Max / 1814 / II 81, 92, 99

Emerich; Carl Wilh. v. / Oberst 31.07.1801 / Kadetten / I 20

Ende, Carl Frhr. v. / Sousltn. 21.04.1807 / Oebschelwitz / 1810 / I 92

Gablenz, Heinr. Adolph v. / Generalmajor 17.06.1812 / 1812 / II 28, 35

Gärtner, August Ferdinand Frhr. v. / Premierltn. 24.08.1805 / Oebschelwitz / 1809 / I 65, 88

Gersdorff, Ludwig v. / Sousltn. 01.05.1810 / Clemens Inf. / 1811 / I 100 f.

Goldacker, Otto Friedrich v. / Sousltn. 08.05.1809 / Clemens Inf. / 1809 / I 79, 82, 83, 84, 93, II 7, 64, 75, 92

Hake, Aug. Wilh. v. / Major 29.01.1809 / König / 1809 / I 88

Hartitzsch, George Glob v. / Major 10.05.1799 / Kadetten / I 7, 15, 20

Hausen, Clemens Wenzesl. Frhr. v. /Sousltn. 07.11.1807 / Clemens Inf. / 1809 / I 75, 79

Hennig, Gustav Ferdinand / Sousltn. 06.05.1810 / Clemens Inf. / 1812 / II 7 ff.

Hopfgarten, Friedrich Ernst v. / Capitän 21.08.1809 / Clemens Inf. / 1810 / I 92, II 7, 33

Horrer, George Wilh. / Sousltn. 30.09.1809 / Ingenieurkorps / 1813 / II 79

Hoyer, Gustav Gottfr. v. / Oberst 29.07.1812 / Artillerie / 1812 / II 25

Kändler, Heinr. Moritz / Major 12.04.1802 / Clemens Inf. / 1805 / I 26, 35

Kaiser, Ehrenfried August / Sousltn. 12.02.1810 /Clemens Inf. / 1812 / I 98, II 7, 13, 24, 27, 30, 38, 66, 96

Kaufberg, Ludw. Günther v. / Capitän xx.xx.18xx / Lecoq / II 81

Kessinger, Ferdinand August v. / Sousltn. 21.08.1807 / Clemens Inf. / 1809 / I 58, 65, 88

Selchow, Wolf Erasmus v. / Capitän 22.08.1809 / Clemens Inf. / 1811 / I 100

Selmnitz, Friedr. Eugen Carl Eduard v. / Premierltn. 08.06.1812 / Steindel / 1813 / II 45

Seydewitz, Hanns August v. / Oberstleutnant 30.06.1812 / 1813 / II 48, 56, 60

Seydlitz, Ferdinand Fürcht. v. / Premierltn. 24.10.1804 / Carabiniers / 1809 / I 87, 88

Sichart, Carl Adolph v. / Sousltn. 13.03.1812 / Steindel / 1813 / II 55

Spiegel, Heinrich Wilh. v. / Major 16.08.1811 / Rechten / 1813 / II 47

Steindel, Friedrich Gottlob v. / Generalmajor 20.06.1809 / 1810 / I 92, II 32, 48

Stutterheim, Carl Adolph v. / Premierltn. 08.05.1809 / Clemens Inf. / 1809 / I 64, 81, 84, 88, 93, II 46

Thielmann, Joh. Adolph Frhr. v. / Generalleutnant 26.02.1810 / 1813 / II 44 ff.

Thümmel, Wilhelm August v. / Oberstleutnant 23.01.1813 / Husaren / 1813 / II 66

Tettau, Heinr. Carl Friedr. v. / Sousltn. 10.05.1799 / Kadetten / I 8

Uslar, George Thilo Ludw. Christian v. / Sousltn. 13.09.1811 / Steindel / 1813 / II 34, 37

Vitzthum v. Eckstädt, Hartm. Jul. Erdm. / Capitän 14.06.1798 / Kadetten / 1804 / I 8, 18, 19

Vollborn, Friedrich / Sousltn. 08.03.1813 / Steindel / 1814 / II 80

Wurmb, Friedr. Aug. Constantin v. / Sousltn. 26.01.1809 / Clemens Inf. / 1809 / I 72, 79, 93, II 34, 36 ff., II 93

Zanthier, Anton George Heinrich v. / Major 01.12.1810 / Clemens Inf. / 1812 / II 7, 25, 34, 38

Zeschau, Heinrich Wilhelm von / Generalleutnant 25.02.1810 / 1813 / II 66, 75 f.

Zezschwitz, Joachim Friedr. Gotthelf v. / Generalleutnant 15.08.1800 / 1806 / I 39

Quellen

Haupstaatsarchiv Dresden

Bestand 12 731 Personennachlass Friedrich Maximilian von Mandelsloh (1790 - 1871) Nr. 3 und 4

Stamm- und Rangliste der Königl. Sächsischen Armee auf das Jahr 1812 / 1813 / 1815 – Dresden 1812 / 1813 / 1815

Bei BOD sind in dieser Reihe an Berichten und Tagebüchern bisher erschienen:

No. 2 Die Berichte der sächsischen Truppen aus dem Feldzug 1806 (I) – Brigade Bevilaqua

No. 3 Die Berichte der sächsischen Truppen aus dem Feldzug 1806 (II) – Brigade Burgsdorff

No. 4 Die Berichte der sächsischen Truppen aus dem Feldzug 1806 (III) – Brigade Dyherrn

No.21 Das Tagebuch von Ernst Ferdinand Aster 1812

No.22 Das Tagebuch von Friedrich Ernst Aster 1812

No.26 Friedrich Vollborn – Erlebtes (III) vom 28.03.1813 bis mit 15.03.1814

No.34 Friedrich Vollborn – Erlebtes (IV) vom 16.03.1814 bis mit 02.01.1816

No.35 Die Berichte der sächsischen Truppen aus dem Feldzug 1806 (IV) - Brigade Cerrini

No.37 Johann Carl v.Dallwitz (18.02.1812-10.09.1815) und Adolf George v.Göphardt (14.05.-22.09.1813)

No.40 Friedrich Vollborn – Erlebtes (I+II) vom 16.04.1808 bis mit 27.03.1813

No.41 Friedrich Gottlieb Probsthayn – Das Tagebuch vom 14.05.1813 bis 29.09.1814